Berliner Arbeiten zur Erziehungs- und Kulturwissenschaft

Band 72

Herausgegeben von Christoph Wulf
Freie Universität Berlin
Fachbereich Erziehungswissenschaft und
Psychologie

Thomas Senkbeil

Mimetische Prozesse und Performativität im Tanzunterricht

Eine Interview- und Videoanalyse zum Umgang mit Fehlern bei der Wissensvermittlung und -Aneignung

Logos Verlag Berlin 2015

Bibliografische Information der Deutschen Nationalbibliothek

Die Deutsche Nationalbibliothek verzeichnet diese Publikation in der
Deutschen Nationalbibliografie; detaillierte bibliografische Daten sind
im Internet über http://dnb.d-nb.de abrufbar.

Umschlaggestaltung: Lothar Detges, Krefeld

ISBN: 978-3-8325-4050-0

Logos Verlag Berlin GmbH
Comeniushof, Gubener Str. 47,
10243 Berlin
Tel.: +49 030 42 85 10 90
Fax: +49 030 42 85 10 92
INTERNET: http://www.logos-verlag.de

1.   Einleitung

„Der Tanz und die Choreographie gehen nicht in einer binären Logik auf, sind nie das eine oder das andere, sondern ereignen sich im Dazwischen" (Klein 2009: 613).

Ziel dieser Arbeit ist es das latent vorliegende „Dazwischen" im Tanz zu erfassen, zu beschreiben und aufzuzeigen. „Dieses Dazwischen meint auch eine Bewegung zwischen Denken und Gefühl, Bewegung und Bewegtheit, Theorie und Praxis, Wissenschaft und Kunst" (Klein 2009: 613).

In der Idee des neuronalen Menschen, ein nach maximaler Autonomie strebender und selbstregulierter Mensch, werden die Schlagwörter des Erkennens, Erfahrens und die der Sinngebung als beschreibende Prozesse des Lernens dargestellt.

„Lernen bedeutet eine produktive Lebensbewältigung, in der die Reflexion von Erfahrungen in eine Veränderung der Handlungsmöglichkeiten, Deutungsmuster und Wertestrukturen des Individuums einmündet" (Göhlich, zit. n. Braun 2014: 1).

Die Systemtheorie und der Konstruktivismus unterstützen die Ansicht, „dass Lernen nichts anderes als die Bezeichnung dafür ist, dass man die Folgen der Informationsaufnahme für das operativ geschlossene, autopoietisch fungierende System nicht beobachten kann" (Luhmann, zit. n. Mayer–Drawe 2012: 188).

Als Voraussetzung eines Lernprozesses aufgrund von Erfahrungen bedarf es einem *„Lernen von etwas nur durch jemanden bzw. durch etwas"* (Meyer–Drawe 2012: 187). Für Wulf (2005) erschöpft sich mit dem Konzept der Mimesis der zentrale Gedanke von Lehr– und Lernprozessen. Mimesis bezeichnet die Schaffenskraft der Natur in Form von Nachahmung, sowie in anthropologischer Sicht die Fähigkeit des Menschen, durch imitieren und nachahmen eines Idealbildes die eigene Lebenswelt zu optimieren. Ziel dieser mimetischen Prozesse ist eine Veränderung, Verbesserung und Verallgemeinerung individueller Züge und eine Erweiterung der eigenen Lebenswelt (vgl. Wulf 2007).

Tanz kann in seiner interaktiven Form des Erfahrungslernens und Experimentierens mit eigenen Fähigkeiten und Interessen eine Möglichkeit schaffen, eigene Grenzen des Ausdrucks und der Darstellung zu definieren und darüber hinaus Neues zu kreieren. Im Idealfall ermöglicht eine offene und positive Fehlerkultur dem Lernenden sich performativ einem prozessorientierten Lernziel anzunähern und damit praktisches Wissen mimetisch zu inkorporieren und zu generieren (vgl. Wulf 2005).

Anhand einer Interviewstudie nach Mayring (2010) und einer Videoanalyse nach Reichertz (2011) aus einer Tanzstunde im Rahmen des Forschungsprojekts „Tanzzeit– Zeit für Tanz in Schulen" soll eruiert werden, wie Schülerinnen und Schüler mit Hilfe des Tanzes neues Wissen vermittelt bekommen und dieses aneignen. Im Mittelpunkt der Analyse steht der Umgang mit Fehlern beim Erwerb praktischen Wissens durch mimetische Lehr– und Lernprozesse im Tanzunterricht. Ziel dieser Arbeit ist hervorzuheben, welche Entwicklungspotentiale und Chancen der Tanz als musisch– kreative Förderung eröffnen kann und wie dieses vermittelte Wissen die Schülerinnen und Schüler positiv für jegliche weiteren Aufgaben und Herausforderungen lebensweltübergreifend vorbereitet. Der Fokus liegt dabei auf der Förderung und Bewusstmachung einer Performativität der Schülerinnen und Schüler. Anhand mimetischer Lehr– und Lernprozesse im Tanzunterricht erwerben sie somit körperliches performatives Wissen und den Umgang mit Emotionen für eine gelungene Förderung eigenständigen Lebens.

2.   TanzZeit– Zeit für Tanz an Schulen

Begonnen als Projekt und mittlerweile eine etablierte Initiative vermittelt *TanzZeit–Zeit für Tanz in Schulen* seit nun 2010 bundesweit vielfältige Projekte mit dem Fokus kultureller Bildung Schüler/inne/n unterschiedlicher sozialer Herkunft und Begabung einen kreativen und aktiv – schöpferischen Zugang zu Musik und Tanz. Die hierbei von den Beteiligten gemachten Erfahrungen eines Spektrums zwischen sozialen, pädagogischen und nicht zuletzt künstlerischen Prozessen könnten neben kurzfristigen Impulsen auch nachhaltige positive Effekte auf die schulische Entwicklung von Kindern und Jugendlichen haben.

> TanzZeit ist, ich würde sagen, etwas [bei dem] zwei Lehrer einem das tanzen beibringen. Wo man selber, also auch wenn man noch nie getanzt hat, das man da seinen Spaß hat und findet und das man es kennenlernt zu tanzen. Und das man zusammen arbeitet. Das ist sehr, sehr wichtig beim tanzen. Und das man dann vielleicht auch einen Auftritt hat oder eine Choreographie lernt, und die dann eben jemande[m] zeigt. Mira, 12 Jahre

Professionelle Tanzkünstler/in oder Tanzpädagog/inn/en gehen meist in Zweierteams an verschiedene Schulen, im Zeitraum für ein bzw. zwei Schulhalbjahre und — dies ist eine Besonderheit der Projektinitiative — unterrichten Zeitgenössischen Tanz im Rahmen des regulären Schulunterrichts für Schüler/inne/n im Klassenverband. Zum Ende eines solchen Projekts sollte jede Klasse eine Choreographie entwickelt haben, die sie in ihrer Schule oder im Rahmen der jährlich stattfindenden Werkstattpräsentation im Radialsystem V (Veranstaltungsort in Berlin) vor den Eltern und Freunden der Schüler sowie anderen Interessierten aufführt. Neben der Vermittlung von Bühnenerfahrung hat sich TanzZeit zum Ziel gesetzt, zeitgenössischen Tanz

> „im Bildungswesen zu etablieren und Schüler/inne/n aller Schichten und Kulturen d.h. unabhängig von Geschlecht, Herkunft und Alter, zeitgenössischen Tanz näher zu bringen und sie auf diese Weise ganzheitlich zu fördern" (Hannover 2012: 3).

Der Tanzunterricht bietet seinen Partizipierenden die Möglichkeit auf einer ästhetisch– emotionalen Ebene Lehr– und Lernprozesse zu erleben und alternativ zu den vorgegebenen, teilweise rigiden Unterrichtsstrukturen im Schulalltag, neues Wissen zu generieren. Diese Lehr– und Lernprozesse unterliegen einem körperbezogenen Wissensaneignungs– und Generierungsprozess, welcher sich sonst nur in zeitlich eng bemessener Form im Sport–, Musik– oder Kunstunterricht ausführen lässt. Der Tanz ermöglicht aufgrund seines performativen Charakters eine Basis und Ausgangslage für allgemeine Lernprozesse. In seiner prozesshaften Entstehung nähern sich die Schüler/innen zunächst einem für sie unbekanntem Lernziel an, wie es in anderen Unterrichtsfächern der Fall ist. Dieses spezifische Wissen jedoch, wird zum großen Teil durch Bewegung generiert, angeregt und kreiert, und kann in seiner Gesamtheit als noch nicht gegeben angesehen werden. Dafür bedarf es einer offenen und positiven Fehlerkultur, in der jeder die Möglichkeit hat, sich auszuprobieren, neue Stärken zu entdecken und alte Schwächen abzubauen.

Ein entscheidender Punkt dabei ist das Entstehenlassen einer positiven Gruppendynamik, die für die Realisierung eines gemeinsamen Projekts, wie in diesem Fall eine gemeinschaftliche Choreographie, einen maßgeblichen Anteil am Gelingen oder Scheitern besitzt. Jeder steht für jeden ein und in diskursiven Prozessen erarbeiten die Schülerinnen und Schüler selbstständig eine Choreographie, die sie am Ende der Lehreinheit vor der Schule und gegebenenfalls im Radialsystem aufzeigen. Ein kompetitiver Gedanke ist somit gegeben, sowie der Anspruch sich einer Herausforderung zu stellen und an den Problemen und Schwierigkeiten persönlich zu reifen. Dies gilt auf individueller, wie auch auf kollektiver Ebene, um aus sich und dem Team alle möglichen Potentiale auszuschöpfen.

Zu Grunde gelegt wird dem ein Verständnis aus verschiedenen Tanzwissenschaften, bei denen Grenzen zwischen Lehrenden und Lernenden, Spielenden und Zuschauern verschwimmen und durch Theaterspiel und Rollenübernahme geschützte Räume für Grenzerfahrungen eröffnet werden.

2.1. Tanz als Weltzugang

In Tänzen werden spezifische Wissensformen des Menschen repräsentiert, vermittelt, aktualisiert und verknüpft mit ihren jeweils unterschiedlichen historischen und kulturellen Einflüssen verknüpft. Der Mensch artikuliert in ihnen sein Verhältnis zu sich und der Welt in variierenden Darstellungs– und Ausdrucksformen. Diese differenten Sichtweisen und Interpretationen des Menschen formen sein Weltverständnis. Ein Ausdruck des Weltverständnisses zeigt sich in Tänzen, wie bspw. dem argentinischen Tango als Ausdruck eines melancholischen Gedanken, den man tanzt, oder in der bildgewaltigen Oper "Einstein on the Beach" von Phillip Glas, welche als eine „perfekte" Inszenierung von Welt in tänzerischer Mathematik zum Ausdruck kommt. Diverse Formen aus den Bereichen des Hip Hop, Breakdance, Ballett und Modern Dance zeigen nicht nur verschiedene Formen von Bewegung und Ausdruck, sondern überliefern zugleich eine Inkorporierung sozialer Milieus. Eine der stärksten spirituellen und grenzüberschreitenden Tänze bildet wohl Butoh. Die Idee hinter der in den 60er Jahren, aus einer freien Gruppe unter dem Einfluss der Studenten und Underground–Bewegung, entstandenen neuen japanischen Theaterform war das Verlangen,

„ (...) die Epidermis der Europäisierung, der Modernisierung und Rationalisierung der japanischen Kultur abzustreifen und sich in die dunkle Seite des „japanischen Körpers" zu versenken" (Yakahashi 1988: 127).

So überwiegt auch in der aktuellen Interpretation des experimentellen Tanzes die Idee der Diskontinuität und eines Aufbrechens bislang vorgefundener Strukturen, unter dem Einfluss einer wachsenden kosmopolitischen und postmodernen Gesellschaft. Die im Tanz behandelten Themengebiete sind vielfältig und aktuell. So werden sexuelle Identitäten, kulturelle Identitäten und Gedanken zu gesellschaftspolitischen Bewegungen, sowie zur Ökonomie und deren Folgen auf den Menschen bearbeitet und können besonders in performativen Ausdrucksformen gestalterische Bildungsprozesse in Gang setzen.

Der Tanz versinnbildlicht als Bewegungs– und Handlungsfeld des Menschen unterschiedliche Anthropologien und verkörpert in seiner Vielfalt unterschiedliches Wissen vom Menschen. Die Merkmale dieser Darstellungen sind

„nonverbal, als Körperbewegung, die Raum und Zeit gestaltet– künstlerisch oder sakral, rituell oder als soziales und sportliches Spiel, solistisch und kollektiv" (Brandstetter 2007: 9).

Menschen können in tänzerischen Bewegungen aus sich heraustreten und ekstatische Zustände erreichen, welches mit der

„Überschreitung des Alltags das Ziel [darstellt]. In diesen ekstatischen Zuständen des Tanzes kommt es zur ekzentrischen Überschreitung nach außen und zur inzentrischen Transformation nach innen" (Brandstetter 2007: 11).

Tänze bewirken in ihrer Performanz eine Veränderung in den ästhetischen Faktoren der Wahrnehmung, des Raumes und der Zeit, welche zugleich gestaltet werden können. Auf diese Weise werden Räume und emotionale Zustände kreiert, welche *„Erfahrungen von Zeitlichkeit und Vergänglichkeit, der räumlichen Leere und eines Zustands des Dazwischen"* (Brandstetter 2007: 11) vermitteln und selbstreferenzielle tänzerische Wirklichkeiten erzeugen. Diese Wirklichkeiten des Tanzes obliegen nach Brandstetter (ebd.) einer paradoxalen Struktur, die auf Kontexte und Kontingenzen verweist, welche für das Verständnis von Tanz wichtig sind. Ohne dieser doppelten Blickpunkte aus verschiedenen Perspektiven, nämlich zum einen der „auf den Tanz blickend" und zum anderen „was den Tanz erzeugt", können tänzerische Wirklichkeiten nach Brandstetter (ebd.) nicht wahrgenommen und damit erfahrbar gemacht werden. Eine solche Blickweise liefert zugleich eine gesellschaftliche Bedeutung für tänzerische Bewegungen, die einen ästhetischen Ausdruck der Gesellschaft darstellen.

Tänze oder andere rituelle Bewegungsabläufe mit bestimmten Choreographien, beispielsweise im Yoga, erzeugen Differenz, Transgression und Hybridität. Es werden dadurch Erfahrungen von Fremdheit und Alterität ermöglicht. Nach Brandstetter (ebd.) schaffen Performances diverser Art

„Plattformen körperlicher Inter– Aktionen, in denen hierarchisierende und ent–hierarchisierende Bewegungen, (de)figurative Muster der Repräsentation, Gender–Verhältnisse und ethnische Beziehungen ausgedrückt werden" (Brandstetter 2007: 12).

Das Ritual als solches übernimmt somit ebenfalls eine politische Dimension, indem es kulturspezifische, regionale und lokale Figurationen ausdrückt und

„einerseits zur kulturellen Identifikation einlädt, andererseits zu Erfahrungen von Differenz und Exklusion und damit zu Transgressionen führen kann" (Brandstetter 2007: 12).

Fleischle–Braun (2012) hebt zwei Momente des tänzerischen Formungsprozesses hervor, wie der Körper neue Wirklichkeiten und damit seine Lebenswelt entdecken und erweitern kann. Zum einen kreiert die Performativität des Körpers mit all ihren Bewegungen neue Wirklichkeiten, die durch den Tanz hervorgebracht werden.

„Damit kann eine Objektivierung der realen Lebenswelt erfolgen und des [W]eiteren eine Distanzierung, beispielsweise durch die Konfrontation mit Überraschendem, Ungewohntem, Verfremdetem und Fiktivem" (Fleischle–Braun 2012: 567).

Es entsteht somit beim Tänzer wie auch beim Betrachter eine Art Irritation oder Diskontinuität gewohnter Formen und Systemabläufe, welche in jedem Fall etwas Neues und Ungewohntes entstehen lassen:

„Die Erzeugung von Brüchen, Differenzen und Verdichtungen schafft Irritation, regt zum Nachdenken an und führt zu subjektiven Sinnzuschreibungen oder kollektiv geteilten Auslegungen" (Fleischle–Braun 2012: 567).

Geht man von der Möglichkeit der Anregung von Reflektionsprozessen durch Tanz als Bewegung und Zugang zu Welten aus, stecken in diesem Ansatz erziehungs– und bildungspolitische Möglichkeiten, Lehr– und Lernprozesse durch den Tanz herzustellen. Wulf (2001a) beschreibt die exzentrische Position des Tanzes als eine exzentrische zu sich selbst, in der Menschen aus ihrem Körper heraustreten und auf diesen blicken. In dieser Form besitzen sie die Möglichkeit sich selbst zu steuern, durch eine distanzierte Betrachtung.

„In solcher exzentrischen Position wurzeln Sprechen, Handeln und variables Gestalten als die für den Prozess der Zivilisation verantwortlichen Verhaltensweisen" (Wulf 2001a: 262).

Darüber hinaus findet nach Fleischle–Braun (ebd.) eine Dramatisierung des alltäglichen Bewegungsverhaltens durch den Tanz statt, was

„eine Intensivierung von lebensweltlichen Stilisierungen [zur Folge hat], die sich beispielsweise in der tänzerischen Ausgestaltung zuspitzen und in der Vervollkommnung ästhetischer und normativer Prinzipien artikulieren können" (Fleischle–Braun 2012: 567).

Durch einen ästhetisch– künstlerischen Zugang zur Welt, bei dem die körperliche Ausdrucks– und Aneignungsform des Tänzers im Zentrum eines Erfahrungsprozesses steht, entstehen Momente der Weltaneignung, die beschrieben und später vom Körper symbolisiert werden, in Form performativen Handelns. Für immer mehr Erziehungswissenschaftler und Neuropsychologen liegen in den Momenten der kreativen Weltaneignung bisher noch ungenutzte Potentiale der Optimierung von Lehr– und Lernprozessen. Der

„ (...) Prozess der ästhetischen Erfahrung und Kultivierung des Körpers mit seinem sensorischen Reichtum und seinem Bewegungspotential zum Entdecken und Erproben neuer „Möglichkeitsräume" des kreativen und künstlerischen Selbstausdrucks" (Fleischle–Braun 2012: 566)

eröffnet also nicht nur individuelle Entwicklungschancen, sondern damit auch immer gleich gesamtgesellschaftliche Veränderungsmöglichkeiten in Hinsicht des Bildungssystems und dem Kreieren von Lehr– und Lernprozessen, worauf ich im letzten Kapitel dieser Arbeit verstärkt eingehen möchte.

2.2. Körperliche Selbstwahrnehmung

Der kulturpädagogische Erziehungsansatz für ein selbstbestimmtes und auf freien Willensentscheidungen basierendes Leben konzentriert sich auf den Begriff des Lernens.

„Lernen bedeutet eine produktive Lebensbewältigung, in der Reflexion von Erfahrungen in eine Veränderung der Handlungsmöglichkeiten, Deutungsmuster und Wertestrukturen des Individuums einmündet" (Braun & Schorn 2014: 128).

Damit das Individuum sein Selbst– und Weltverhältnis immer wieder neu reflektieren kann, bedarf es aisthetischer, sinnlicher und damit auch immer kultureller Wahrnehmungsprozesse, die zu einer Veränderung von Wissen und Können des Subjekts und somit zu neuen Lernprozessen führen. In ihrem eigenen Körper und der Verbindung der Sinne als Energiepotential der Erkenntnis kommuniziert der Lernende mit Hilfe

„des Genusses und der Verständigung mit anderen Lebewesen; die intensivierte und reflektierte Selbstwahrnehmung [und] erhöht die Aufmerksamkeit für die Leiblichkeit des anderen" (Mattenklott 2014: 119).

Um Nachhaltigkeit der Lernprozesse in der sinnlichen Wahrnehmung des Subjekts in der Interaktion mit seiner Lebenswelt zu garantieren, bedarf es einer Reflexion und Beurteilung des Wahrgenommenen. Damit eines der entscheidendsten menschlichen Potentiale, nämlich *„sich ein Bild von sich und der Welt zu machen"* (Braun & Schorn 2014: 128) in einem erfahrbaren und wirksamen Erlebnis endet, bedarf es einem Abstand von sich und der Welt. Diese Erfahrung der Distanz und Differenz ist nur dann produktiv zu bewältigen, *„wenn seine Erfahrung zugleich mit dem Erlebnis der Wirksamkeit des eigenen Handelns verbunden ist"* (Braun & Schorn 2014: 129). Daraus ergeben sich Notwendigkeiten zu Handlungsanweisungen eines interkulturellen Hintergrundes für Erzieher/innen und ihr kulturpädagogisches Handeln *„auf die Intensivierung von Wahrnehmungssituationen als auch auf die Erfahrung von Distanz und Differenz"* (Braun & Schorn 2014: 129) zu gewährleisten, um anschließend auf einer reflexiven Ebene die gemachten Erfahrungen zu kommunizieren und zu reflektieren. Dabei *„steht nicht nur das sinnliche Erleben, sondern das **wie** des eigenen Wahrnehmens und Handelns im Zentrum der Aufmerksamkeit"* (Braun & Schorn 2014: 129).

Die Sinne vermitteln dabei zwischen der Außen– und der Innenwelt. Betrachtet man die Diskurse der Postmoderne aus pädagogischen Modellen zu einer Erziehung oder Kultivierung der Sinne, plädiert Zirfas (2012) für eine „Bildung mit allen Sinnen". Dabei sollten die Sinne nicht nur beschränkt werden auf die Bildung der Fähigkeiten des Hörens und des Sehens, wozu sich die klassische Theorie der Ästhetik berufen fühlt, bei der im Zentrum des Schönen die Musik und Malerei quantifizierbar gemacht wurde.

„Ein anderer Grund könnte darin bestehen, dass die Nahsinne dem Menschen buchstäblich zu nah sind, um dessen Selbstbezüglichkeit und Reflexionsfähigkeit, d.h. Abstrahierungs- und Symbolisierungsfähigkeit, in Gang [zu] bringen" (Zirfas 2012: 159).

Im Allgemeinen werden der Geruchs–, Geschmacks– und Tastsinn zu den Nahsinnen gezählt. Nach Meyer–Drawe (ebd.) stehen die niederen Sinne des Menschen in einer hierarchischen Spannung und bilden mit den Fernsinnen eine Quelle für Erfahrungen. *„Vereinzelt wird trotz des Adels des Sehens, das dem Denken am nächsten kommt, das Tasten als der entscheidende Realitätssinn akzentuiert"* (Meyer–Drawe 2012: 194). Des Weiteren stellt Zirfas (2012) fest, dass die sinnliche Wahrnehmung auch eine Wahrnehmung ist, die es zu erlernen gilt. In der qualitativen Beschaffenheit der Welt werden die Sinnesempfindungen und Eindrücke verschieden kategorisiert und gespeichert und einer unterschiedlichen Bedeutung zugeschrieben. Denn die sinnliche Wahrnehmung und die damit

„qualitative[n] Beschaffenheit der Welt ist einerseits vom kausalen Affiziertwerden der Sinne durch die Reize von Gegenständen und Situationen und andererseits von Erziehungs–, Lern–, Sozialisations– und Bildungsprozessen abhängig" (Zirfas 2012: 262).

Der Mensch ist dabei gelenkt von seinen eigenen Fähigkeiten und der Vernunft, wie er die Welt sieht und wahrnimmt. „Die Fähigkeit (Rezeptivität),

Vorstellungen durch die Art, wie wir von Gegenständen affiziert werden, zu bekommen, heißt Sinnlichkeit" (Meyer–Drawe 2012: 194).

2.3. Soziale Choreographie

Bewegung und Ausdruck des Menschen bilden eine grundlegende Kommunikationsform unserer Leiblichkeit und stellen den Menschen zu sich und der Welt dar. Indem wir durch unsere Performativität in sozialen Interaktionen eine Präsenz vermitteln, erfahren wir zudem unsere Leiblichkeit.

„Tanz macht die Expressivität des Körpers und der Bewegung selbst zum Thema und schafft eigene poetische und symbolische Formwelten, die sich zugleich auf individuelle und soziokulturelle Lebenswelten beziehen können" (Fleischle–Braun 2014: 567)

und zugleich etwas über diese erzählen. Klein (2014) beschreibt dies als die „Soziale Choreografie" welche einen doppeldeutigen Prozess unterliegt:

„Zum einen als konkrete räumlich–zeitliche Organisationsformen von Körpern, die sich interaktiv aufeinander beziehen bzw. interkorporal sind (z.B. im Straßenverkehr, in Paar– oder Gruppentänzen etc." (Klein 2014: 610).

Zum anderen steht das Konzept der sozialen Choreografie dafür,

„eine Verbindung von Sozialem und Ästhetischem herzustellen und dem Ästhetischen eine fundamentale Rolle bei der Beschreibung des Sozialen — sowohl in seinen Strukturen wie in Interaktionen — zuzuschreiben" (Klein 2014: 610).

Klein (ebd.) bezieht sich bei der Beschreibung der Beziehungsgefüge von Menschen und ihrer Ausführung dieser choreographischen Ordnung auf den Philosophen Michel Foucault, um eine Mikrophysik der Macht in Ebenen zu beschreiben. Körper interagieren in Raum und Zeit und bilden soziale Figurationen. Damit verkörpern und habitualisieren sie Soziales. Auf diese Weise entsteht Soziales, nämlich in dem Sinne

„wie Körper in der Bewegung interagieren, in den einzelnen Körpern selbst, die das Soziale habitualisiert haben und zugleich in ihren Bewegungen hervorbringen und schließlich in den Strategien der Beglaubigung choreografischer Ordnungen" (Klein 2014: 611).

Als ein entscheidender Aspekt der Kreation von Sozialem sieht Klein (2014) die Imaginationsfähigkeit bei der Inszenierung und Aufführung des Körpers. Diese sozialen Arrangements besitzen eine ludische Komponente. „Diese bezeichnet einen spielerischen Ernst, der gewisse Grenzen wahrt, und verbindet so Regelkonformität mit Freiwilligkeit" (Wulf 2005: 10). Damit entstehen Spielräume für spontanes und kreatives Handeln,

„bei dem die bestehenden Normen der Gemeinschaft außer Kraft gesetzt oder modifiziert werden. Spielerisch können hier alte Komponenten weglassen und neue hinzugefügt werden" (Wulf 2005: 10).

Es können somit soziale Gemeinschaften und Beziehungen entstehen, die sich nicht auf kausale und funktionale Sinnstiftungen nach Wulf (2005) reduzieren lassen. Die von ihm beschriebene spielerische Seite

"dient in nicht reflexiver Weise seiner körperlich–inszenatorischen Selbstvergewisserung der Gemeinschaften. Sie verweist auf die Rolle, die die Imagination für die Erzeugung der heterogenen Formen und Ausprägungen sozialer Performativität spielt" (Wulf 2005: 10).

Damit wird ein gesellschafts– und bildungspolitisches Potential hervorgerufen, welches dazu in der Lage ist, Kultur zu schaffen und zu verändern. Zielgerichtete Bewegungen von Körpern entstehen durch körperliche und sinnliche Prozesse, ein Körperverständnis wird entwickelt und mit Hilfe von Ausdruck und Darstellung entsteht eine soziale Aufführung. Wulf (2005) betont eine Vielfalt unterschiedlicher Formen sozialen Handelns, welche durch die Vielfalt mimetischer Prozesse, wiederum performatives Wissen erzeugen. Diese sind entscheidend in der Art des Ausdrucks und der Bewegung des Körpers in der sozialen Interaktion und dabei kulturschaffend. Diese Zusammenhänge sollen im Folgenden genauer betrachtet werden.

3.   Soziales Handeln

Soziales Handeln bedeutet intentionales Handeln. Dieses verläuft dabei doch immer performativ und wird dieser performative Charakter betont, handelt es sich bei der Form des sozialen Handelns um eine Inszenierung oder Aufführung. Der Körper des Handelnden, seine Bewegungen, seine Gestik und sein Rhythmus stehen dabei im Zentrum des Interesses. Soziales Handeln und das Entstehen praktischen und körpergebunden Wissens, erlangt eine neue Form der Komplexität eines performativen Charakters, solange soziales Handeln nicht auf Intentionalität reduziert wird. Der Körper bildet eine Fläche der Aufführung und Inszenierung und reproduziert sich durch diese Sichtbarkeit.

„Von Interesse sind nun seine Bewegungen, sein Rhythmus, seine Gestik. Eine neue Komplexität wird sichtbar. Soziales Handeln wird ermöglicht durch ein praktisches körpergebundenes Wissen, das auf vielfältige Weise performativ ist" (Wulf 2005: 68).

In unseren alltäglichen Handlungen sind wir tief eingebunden in Inszenierungen sozialen Handelns als interaktiver Austausch mit unserem Gegenüber. Einfache Prozesse des Einkaufens im Supermarkt, eines Essens im Restaurant oder der Teilnahme an Sportveranstaltungen beispielsweise bedürfen einer Handhabung und eines impliziten Wissens (Codes) darüber, wie wir unserem Interaktionspartner gegenübertreten sollen und wollen. Dies birgt insofern eine Gefahr, als das man sich aufgrund von Nichtwissen auf bei auf stereotypische kulturelle Codes und Vorurteile beruft und zu deren Reproduktion beiträgt. Die Formen des Wissens, welche wir im Verlauf unserer Sozialisation erfahren, werden hauptsächlich durch emotionale Erfahrungen und durch die Nachahmung von Bezugspersonen generiert. Wulf (2005) beschreibt die richtige Anwendung vieler Verhaltensmöglichkeiten, zwischen denen wir uns bei der Beantwortung einer Anrufung unseres Selbst beziehen, als mimetische Prozesse. Anhand mimetischer Prozesse, welche sich durch körperliche Ausübungen meist ritualisierend vollziehen, wird Kulturalität geschaffen und generiert. Diese Art der Generierung nennt man praktisches Wissen, welches den Menschen dazu befähigt, in einer sich umgebenden Kultur zu bewegen und zu interagieren. Durch diese Prozesse entsteht Performativität, die als Produkt für soziales Handeln einen konstitutiven Zusammenhang von Sprache, Macht und Handeln beschreibt. Das soziale Handeln des Menschen ist dabei „mehr" als nur die Verwirklichung von Intentionen. Auf welche Art und Weise die Akteure ihre Ziele realisieren beschreibt das „*Mehr*" oder WIE. Dabei zeigen sich in der Durchführung, dem *modus operandi*, trotz intentional gleicher Ausrichtung erhebliche Unterschiede in der Ausführung der Handelnden (vgl. Wulf 2001).

Untersucht man das *WIE,* so beschreibt dies die mimetischen Prozesse, die sich in Ritualen darstellen und einen vielfältigen Charakter aufweisen. Der Tanz als aktive Form, fungiert als Medium zwischen Individuum und Welt und wirkt dabei auch Lebenswelt erzeugend und formend. In spielerischen und explorativen Bewegungen adaptiert der Mensch seine Umwelt und kreiert sie dabei. Daher wird dem *WIE* der menschlichen Interaktion eine verantwortungsvolle Rolle zugeschrieben und dient damit

„in nicht reflexiver Weise einer körperlich– inszenatorischen Selbstvergewisserung der Gemeinschaften. Sie verweist auf die Rolle, die die Imagination für die Erzeugung der heterogenen Formen und Ausprägungen sozialer Performativität spielt" (Wulf 2007: 10).

3.1. Mimesis

Der Begriff Mimesis geht bis in die vorplatonische Zeit zurück, in der Mimesis in folgende drei Bedeutungsschwerpunkte definiert werden konnte:

1. Mimetisches Verhalten meint die direkte Nachahmung des Aussehens, der Handlungen und der Äußerungen von Tieren oder Menschen durch Rede, Lied und/oder Tanz [...]

2. Die „Nachahmung" der Handlungen einer Person durch eine andere in einem ganz allgemeinen Sinne [...]

3. Die Nachschaffung eines Bildes oder eines Bildes einer Person oder einer Sache in materieller Form [...] (Wulf 2005: 23f.).

Mimetische Lernprozesse legen den Fokus auf die habituellen Formen sozialen Handelns von Menschen. Soziales Handeln inkludiert dabei nicht nur eine Intention, die der Handelnde beabsichtigt. Daraus geht eine außerordentliche Macht nach Wulf (2005) für die Aufführung und Inszenierung durch Mimesis hervor.

„Sie basiert auf der starken mimetischen Veranlagung des Menschen, die besonders im frühen Kindesalter die motorische, sinnliche und sprachliche sowie die geistige, soziale und personale Entwicklung ermöglicht" (Wulf 2005: 24).

Der Körper des Handelnden bezieht sich auf das jeweilige Gegenüber und inszeniert sich durch Bewegung in Raum und Zeit. Legt man das Interesse auf die Bewegung, den Rhythmus und die Gestik der Person, erlangen die Aktionen des Akteurs einen performativen Charakter und zeigen eine neue Form der Komplexität. Mimesis als ästhetischer Begriff bezeichnet die Schaffenskraft der Natur in Form von Nachahmung, sowie in anthropologischer Sicht die Fähigkeit des Menschen, durch Imitieren und Nachahmen sich einem Idealbild zu nähern. Ziel dabei ist eine Veränderung, Verbesserung und Verallgemeinerung individueller Züge und der menschlichen Konstitution (vgl. Wulf 2007b).

In anthropologischer Hinsicht liegt die Bedeutung der Mimesis in ihrer fundamentalen menschlichen Entwicklungsfähigkeit, welche in der Erziehung und Sozialisation eine der zentralen Rollen spielt.

„Sie zeigt sich von Kindheit an, und der Mensch unterscheidet sich dadurch von den übrigen Lebewesen, dass er in besonderen Maße zur Nachahmung befähigt ist und seine ersten Kenntnisse" (Wulf 2005: 21f.)

auf diese Weise entscheidend erwirbt.

„In mimetischen Prozessen wird eine Beziehung zu einer anderen Welt hergestellt. Häufig beruht diese auf einer Ähnlichkeitsbeziehung, die in der Ähnlichkeit der Anlässe, der handelnden Personen und der sozialen Situation" (Wulf 2005: 8)

hervorgeht. In diesem Prozess der Annäherung ist die Herstellung einer Beziehung zur Welt entscheidend. Die Imitation sozialer Handlungen bezieht sich auf das performative Handeln von Vorbildern, welche durch das Begehren, wie diese sein zu wollen, erzeugt wird. Das mimetische Begehren der Imitation entfaltet dabei eine nachhaltige Wirkung und Macht auf den jungen Menschen aus.

„Vorbilder wecken das mimetische Begehren und „zwingen" den jungen Menschen, ihnen nachzueifern. Der Vorbildcharakter verweist auf einen Mangel, den das Begehren überwinden möchte" (Wulf 2005: 24).

Während den Prozessen wirken zwei kontradiktorische Kräfte: zum einen der Wunsch des Angleichens bis hin zur völligen Imitation des Handelnden, der nicht mit dem Begriff der Mimikry gleich zusetzen ist. Denn Mimikry meint als ambivalentes Bedeutungsfeld zur Mimesis *„mimetische Prozesse als Prozesse der Mimikry zur Anpassung an Vorgegebenes, Erstarrtes, Lebloses"* (Wulf 2005: 27). Horkheimer und Adorno haben diesen Aspekt bereits in der „Dialektik der Aufklärung" herausgearbeitet.

„Im Kontext der Konstitution des Subjekts bedeutet dieser Umschlag der Mimesis in Mimikry die Degeneration mimetischer Prozesse zu Prozessen bloßer Anpassung an Vorgefundenes ohne die Möglichkeit gestalterischer Mitwirkung" (Wulf 2005: 27).

Ein solcher Prozess der Mimikry endet für den Menschen in einer negativen Erscheinung und Verkümmerung seiner Persönlichkeit, aufgrund fehlender kreativer Nachahmung, aufkommender Sinnlosigkeit und fehlender Partizipation. Eine Erschließung des Bildungswertes der Unterrichtsinhalte für die geistige und soziale Entwicklung jugendlicher Subjekte ist nach Wulf (2005) unausweichlich, um die enthaltenen Bildungsmöglichkeiten des Subjekts anhand seiner mimetischen Fähigkeit zu fördern und zur freien Entfaltung kommen zu lassen. Andererseits degeneriert Mimesis zu Mimikry. Abgrenzungsmechanismen und Lernen durch falsche Vorbilder lassen sich aufgrund der hohen Macht der Mimesis nicht verhindern. Das bedingt auch die zweite Tendenz der Mimesis, die den Wunsch nach Alterität

(Abgrenzungswunsch) zum Vorbild und einer Herstellung einer eigenen Identität beinhaltet. Aus dieser Ambivalenz, dem eines Begehrens nach Imitation und einem gleichzeitigen Verlangen nach Unterscheidung und Eigenständigkeit, entsteht jedoch nach Wulf (2005) soziale Vielfalt in der Gesellschaft und der Bildungsinstitutionen, z. B. in der Schule.

3.2. Mimetische Prozesse im Tanz

In Prozessen der Anähnlichung im Tanz werden die Teilnehmer/innen auf interkulturelle, intersexuelle und intersubjektive Differenzen aufmerksam gemacht. Die Körper können durch die Macht der Imagination eine dem Individuum distanzierte Position einnehmen, die sie dadurch befähigt, alte Strukturen neu zu ordnen und zu reflektieren. Diversitäten, welche im Unterricht nur durch die Morphologie und Sprache ersichtlich werden, erhalten im Tanz eine neue Bedeutungsvielfalt von Differenz und Subjektivität. Diese wird in der mimetischen Angleichung zunächst neutralisiert und steht letztendlich für sich als individuelle Kulturalität wertneutral, wird dabei jedoch neu geschaffen. Dafür benötigt es einen geleiteten pädagogischen Rahmen, der in der Phase der Metareflektion bei der Ordnung und Neustrukturierung der Gedanken hilft. Auf der Grundlage der Materialität ihrer Körper handeln Menschen in Bezug auf ihr implizites Wissen. Dieses praktische Wissen wird durch mimetische Prozesse erworben und bedarf für dessen Wirksamkeit keiner Repräsentation im Bewusstsein. Den Rahmen für soziales Handeln bilden symbolisch strukturierte Beziehungsnetze. Sie geben den körperlichen Inszenierungen und Aufführungen des sozialen Handelns ihre Bedeutung (vgl. Wulf 2005). Da soziales Handeln auf körperlichen und symbolischen Ebenen sich meist unbewusst zu praktischem Wissen generiert, verlaufen viele Handlungsabläufe in sozialen Interaktionen frei von extern festgeschriebenen Regeln. Vielmehr kreieren sich soziale Regeln im Laufe der Interaktion und Kommunikation zu festen Strukturen und unterstehen einem permanenten Wandlungsprozess. Der Erwerb von praktischem Wissen führt zu sozialem Handeln, ohne dass sich die Handelnden ihrer regelkonstruierenden Funktionsweise bewusst sind. Vielmehr kommt in den Bewegungen und Gesten ihr Wesen zum Ausdruck.

„Dies geschieht wie beim „Spinnen eines Fadens", indem „Faser an Faser" gedreht wird, so dass „viele Fasern einander übergreifen" (...) [und] ein kompliziertes für mimetisches Handeln charakteristisches Netz von Ähnlichkeiten entsteht" (Wulf 2001a: 261).

Es stellt sich die Frage, wie das für die Inszenierung und Aufführung von Ritualen erforderliche performative Wissen erworben wird. Zweifellos handelt es sich nicht um ein theoretisches oder reflexives Wissen, dessen Elemente in der sozialen Praxis einfach Anwendung finden könnten. Praktisches Wissen ist vielmehr ein performatives Wissen.

„Bei dem für die Inszenierung und Aufführung sozialen Verhaltens erforderlichen performativen Wissen handelt es sich nicht um ein theoretisches oder reflexives Wissen, sondern um ein mimetisches Wissen" (Wulf 2005: 19).

Als solches ist es körperlich und eng mit aisthetischen Prozessen verbunden. Zu wesentlichen Teilen wird dieses Wissen in mimetischen, häufig den Subjekten nicht bewussten Prozessen erworben. Solche Prozesse entstehen, wenn Menschen an den szenischen Aufführungen sozialer Handlungen teilnehmen und wahrnehmen, wie andere Menschen in rituellen Szenen handeln.

Diesem WIE kommt bei der mimetischen Rezeption und Verarbeitung eine große Bedeutung zu. Man versucht die Art und Weise zu erfassen, wie soziale Handlungen sinnlich aufgenommen werden. Nur mit Hilfe der Aisthesis können die szenischen und sozialen Handlungen im konstruierenden und konkretisierenden Arrangements wahrgenommen und verarbeitet werden. Die mimetische Verkörperung performativen Handelns ist ein kreativer Prozess, in dessen Verlauf eine individuelle Umarbeitung erfolgt. In der Bezugnahme des mimetischen Prozesses auf einen anderen Menschen, auf eine szenische Aufführung ritueller Handlungen oder auf eine imaginäre Welt, entsteht jedes Mal etwas Differentes. In mimetischen Prozessen kommt es zu einer Anähnlichung. Diese Annäherung beschreibt die Art und Weise, wie sich Menschen körperlich und sozial inszenieren, wie sie sich zur Welt und zu anderen Menschen sowie zu sich selbst verhalten.

„Mimetische Prozesse sind insofern nicht bloß reproduktiv, sondern kreativ, als der Einzelne Aspekte der Welt, auf die er sich richtet, mit Aspekten seiner schon bestehenden Welt in Beziehung setzt" (Wulf 2001a: 261).

Sie richtet sich auf die Einmaligkeit des Anderen und führt dazu, dass Bilder anderer Menschen, sozialer Handlungen und Welten in die innere Bilder– und Vorstellungswelt aufgenommen werden. Mimetische Prozesse verwandeln Außenwelt in Innenwelt und führen zu einer Erweiterung der Innenwelt. Mimetische Lernprozesse bestimmen den Großteil kulturellen Lernens, zu deren Bedingungen die Körperlichkeit, Sinnlichkeit und Multidimensionalität der Lernenden gehört. Diese Prozesse erfolgen in produktiven Nachahmungen des Idealisierten, in denen häufig vor allem ludische und rituelle Momente eine Rolle spielen. Durch den performativen Aneignungsprozess der Dinge, Gegenstände und Medien entsteht praktisches Wissen, welches für Erziehung und Bildung unersetzlich zu sein scheint, besonders in der kulturellen Bildung. *„Schon immer dient der menschliche Körper dazu, Ähnlichkeiten herzustellen und auszudrücken. Tanz und Sprache sind dafür augenfällige Beispiele"* (Wulf 2001a: 260). Diesen Wunsch der Darstellung und Verkörperung der inneren Bezugswelt nach außen definiert die Performativität in körperlicher Darstellung und sprachlichem Ausdruck in sozialen Handlungen.

„Weder im Tanz noch in der Sprache sind Darstellung und Ausdruck, Aufführung und Verhalten verschieden. Sie bilden zwei Aspekte, die in der Mimesis nicht auseinanderfallen, sondern in einem Akt [sich miteinander] verschränk[en]" (Wulf 2001a: 261).

3.3. Mimetischer Erwerb performativen Wissens

Soziale Handlungen sind vielfältig und niemals identisch mit einer anderen, obwohl sie sich aufeinander beziehen.

„Kein soziales Phänomen, keine soziale Situation ist mit einer anderen identisch; jede ist einmalig gleicht jedoch anderen Situationen aufgrund phänomenaler und struktureller Entsprechungen" (Wulf 2005: 9).

Mimetisches Begehren ist konstitutiv für das Erlernen praktischen und rituellen Wissens und geht weiterhin aus der Dynamik sozialen Handelns hervor (vgl. Wulf 2005). Performative Fähigkeiten werden in der Sozialisation und damit als wesentliche Institution in der Schule kreiert und erlernt. Diese Formen werden weitestgehend über mimetische Prozesse vermittelt. Menschen lernen durch ihr admirables Verhalten gegenüber Vorbildern, wie man sich in sozialen Situationen verhält. Bei Ihrer Entscheidungsfindung orientieren sie sich hauptsächlich an Modellen und Vorstellungen die ihrem Weltkonzept naheliegen und reflexfrei sind. Ihr praktisches Wissen von „richtig" und „falsch" gilt dabei als Grundbedingung für alles Performative.

In seinen Körperinszenierungen und –aufführungen erzeugt der Mensch Energien, welche aus Wiederholung und Differenz im sozialen Handeln hervorgehen. Wiederholungen vorausgehender sozialer Handlungen zeigen Erfahrungen als Teil einer Performanz und bilden performativ ein konstruktives Element in ihrer kreativen Neugestaltung. Diese kreative Neugestaltung verfolgt dabei keine spezifischen Werte oder Ziele innerhalb seiner mimetischen Prozesse. Sie existieren und kreieren sich aus und für sich selbst.

„Sie schaffen Möglichkeiten für einen nicht– instrumentellen Umgang mit der Welt, in dem das für die Subjektkonstitution so wichtige Partikulare gegenüber dem Universellen geschützt wird" (Wulf 2005: 27).

Mimetische Prozesse besitzen eine experimentelle Eigenschaft aufgrund ihrer Ungewissheit und Unplanbarkeit, lassen sie sich auch als

„Prozesse mit gebrochener Intention beschreiben. Sie widersetzen sich einer engen Unterordnung unter Ziele und damit einer Funktionalisierung für außerhalb ihrer selbst liegende Ziele" (Wulf 2005: 27).

Für Kinder sind diese Erfahrungsräume essentiell für ihre kognitiv, affektiv, motivationale Entwicklung. In dem sie sich durch Bewegungen in für sie bisher unerfahrene Räume und Gebiete sedimentieren. Der dabei erfahrene Bewegungsraum ist symbolischer Natur und dabei eine *„über die Bewegung des Körpers hinausdrängende Leistung der menschlichen Phantasie"* (Wulf 2005: 98). In diesem aktiven Prozess der Kinder, die Welt in mimetischen Prozessen anhand begehrter Objekte zu erfahren, verkörpern sie die Außenwelt und gestalten diese, wie auch ihre Innenwelt anhand Imaginationen und Erfahrungen.

„Ihr symbolischer Charakter wird enkorporiert und bewirkt die Enkulturation des Kindes. (...) Mit Hilfe von Bewegungen erweitern sie ihr Kontakt- und Handlungsfeld" (Wulf 2005: 98).

Wenn dabei von Räumen gesprochen wird, sind soziale Räume gemeint, in denen sich menschliches Leben vollzieht. Dabei wird durch einen dynamischen Austausch von Zeitlichkeit und Raum, *„Übergangsräume [geschaffen], in denen verschiedene Ereignisse stattfinden, dauerhaftes Verweilen aber nicht möglich ist"* (Wulf 2005: 97). Dies fordert eine erzieherische Handlungsnotwendigkeit für die Schaffung von Räumen und der Inszenierung für die Möglichkeiten mimetischer Prozesse.

„In der Mimesis der Räume und der sich in ihnen vollziehenden Handlungen, Menschen und Dinge entsteht der symbolische, kulturell geprägte Charakter von Wahrnehmungen, Bewegungen und Handlungen" (Wulf 2005: 98).

3.4. Gesten als Ausdruck performativen Wissens

Der Ausdruck und die Darstellung körperbezogenen praktischen Wissens erfolgt durch Gesten. Deren Erwerb verläuft nicht durch Analyse, Sprache oder weitere kognitive Prozesse, sondern vielmehr durch mimetische Prozesse.

„Durch die Nachahmung von Gesten und Anähnlichung an sie gewinnt das sich mimetisch verhaltende Subjekt eine Kompetenz, Gesten szenisch zu entwerfen, einzusetzen und je nach den Umständen zu verändern" (Wulf 2005: 45).

Gesten besitzen eine starke kulturelle und gesellschaftliche Bedeutung. Durch sie werden soziale Kontinuitäten erzeugt und gesellschaftliche Veränderungen angekündigt.

„In Gesten drücken sich Empfindungen und soziale Beziehungen aus, die häufig weder denen bewusst sind, die sie vollziehen, noch ins Bewusstsein derer gelangen, die sie wahrnehmen und auf sie reagieren" (Wulf 2005: 81).

Menschliches Verhalten bedient sich der symbolhaften Bedeutung von Gesten in Form von Körperbewegungen und wird in unterschiedlichen sozialen Kontexten eingesetzt. Gesten spiegeln Teile der Körper– und Bewegungsphantasie wieder und entfalten durch ihren unbewussten Charakter eine nachhaltige Wirkung beim Empfänger. Die gestisch zum Ausdruck gebrachten Inhalte sind häufig

„(...) dichter mit den Gefühlen der Sprechenden verbunden als ihre verbalen Aussagen. Gesten gelten daher als zuverlässiger Ausdruck des inneren Lebens eines Menschen als die stärker vom Bewusstsein gesteuerten Worte" (Wulf 2005: 81).

Die Wirkung steckt in der etymologischen Hinsicht in der Verbindung der

„Tätigkeit der Hand, auf menschliche Handlungen, auf Empfindungen ausdrückende und darstellende Bewegungen einzelner Körperteile, auf die Performativität des Körpers und sozialer Handlungen" (Wulf 2005: 81),

womit ein fließender Übergang geschaffen wird zwischen Vorstellung der Tat und Ausführung der Handlung. Die Geste und ihr performativer Charakter verdeutlicht eine höhere Form der Ehrlichkeit und Authentizität und wird auch auf diese Art und Weise des WIE als Botschaft bei dem jeweiligen Empfänger entschlüsselt.

Gesten stabilisieren nicht nur soziale Beziehungen und tragen zu Beziehungsverflechtungen durch ihre interaktive Wirkung bei, sondern bilden erzieherische Prozesse und soziale Choreographien. Für das Empfangen und der Dekodierung einer Geste bedarf es der Möglichkeit des Wahrnehmens und Erfahrens des Empfängers.

„Wer eine Geste wahrnimmt, versteht sie, indem er sie mental nachahmt und so den spezifischen Charakter ihrer körperlichen Ausdrucks– und Darstellungsform begreift" (Wulf 2010: 291).

Dieser mimetische Prozess der Verarbeitung von Gesten zeigt sich in der Performativität des Körpers. Gesten werden in ihrer Bedeutung beim Empfänger als authentischer interpretiert und als *„sichererer Ausdruck des inneren Lebens eines Menschen als die stärker vom Bewusstsein gesteuerten Worte"* (Wulf 2010: 291). In den Inszenierungen von Individuen, Gruppen und Institutionen gelten Gesten und rituelle Ausdrucksformen als Lesbarkeit von sozialen Choreographien. *„In der Anähnlichung an die Gesten eines Anderen werden seine Körperlichkeit und seine Gefühlswelt erfahren"* (Wulf

2010: 291). Somit wird durch mimetische Prozesse der Gesten der Anderen eine Erfahrungswelt des Gegenübers nachempfunden und es findet

„eine Überschreitung der personalen Grenzen des Sich- mimetisch- Verhaltenden in Richtung auf die körperliche Darstellungs– und Ausdruckswelt des Anderen statt. Die Erfahrung eines Außen wird möglich" (Wulf 2010: 291).

Dieser Prozess des „Heraustretens" aus den eigenen, festen Strukturen performativer Darstellungs– und Ausdrucksformen ermöglicht eine Erweiterung der Innenwelt *„durch die aisthetisch–mimetische Aufnahme eines Außen und ermöglicht lebendige Erfahrungen"* (Wulf 2010: 292). Für Wulf (2010) erfolgt in diesem Prozess der Anähnlichung durch Bewegungen und Einverleibung des begehrten Objekts weniger eine Reduktion der Erfahrungswelt des Anderen als vielmehr *„eine mit assoziativen Bildern verbundene Ausweitung des Sich – mimetisch– Verhaltenden auf die Körpergesten des Anderen hin"* (Wulf 2010: 292).

3.5. Lernen aus Erfahrung und Emotionalität

Bereits Aristoteles deklariert bei der Annahme von Verhaltensänderungen durch Wissenserwerb das Lernen aus Erfahrungen als Schlüssel für Wachstum. Für ihn und andere gilt die Grundannahme, dass Lernen immer Lernen von etwas bedeutet. *„Lernen umfasst alle Verhaltensänderungen, die aufgrund von Erfahrungen zustande kommen"* (Lefrancois, zit. n. Meyer–Drawe 2012: 188). Dabei muss jedes Individuum bereit sein, Erfahrungen machen zu wollen, auch wenn diese auf emotionaler Ebene schmerzlich sein können. Dabei müssen Rahmenbedingungen einer offenen Lern– und Fehlerkultur gegeben sein. Erfahrungen grenzen sich zunächst von der rationalen Ebene dem Denken und Erleben ab. Nach Meyer-Drawe (ebd.) ist eine Erfahrung dann gegeben, wenn etwas Neues, Unvorhergesehenes und Überraschendes inszeniert wird und damit zum Bewusstsein gelangt. Die Erfahrung steht somit in der Dialektik zwischen dem unbewussten Neuen und einer antizipierten, möglichen Erfahrung, die dem Lerner zu Grunde liegt.

„Lernen bedeutet in diesem Sinne immer auch die Geschichte des Lernenden selbst, den konflikthaften Prozess seiner Veränderungen, deren Dynamik in diesem Selbstentzug wurzelt" (Meyer–Drawe 2012: 190).

Dabei beschreibt Lernen immer einen Lernprozess im Austausch mit jemandem oder mit etwas. Eine Distanzierung zu sich selbst verstärkt etwaige Reflektionsprozesse und metaanalytische Sichtweisen auf das Individuum und dessen Interaktionsspielraum. Dieser Intentionalität des Erlebens widersagt sich die Erfahrung, welche im Austausch mit der Welt überraschend wahrgenommen wird.

Man könnte meinen, dass der Mensch somit auf der Suche nach Neuem und Unbekanntem Dingen ist, die nicht aus seiner Bewusstseinsvergangenheit kommen und Vergangenes wieder aufleben lassen. Doch ist meist genau das Gegenteil der Fall. Da es jedoch einer Vorerfahrung für neue Lernprozesse bedarf, sind wir nach Meyer–Drawe (ebd.) immer bei dem Prozess und der Aneignung von Neuem auf unseren antizipierten Erfahrungsschatz angewiesen. *„Wir sind immer schon von anderen Menschen, aber auch von Dingen und von uns selbst in Anspruch genommen, bevor wir in bestimmter Weise davon sprechen"* (Meyer–Drawe 2012: 189). Jede Erfahrung muss daher als solche reflektiert und rückgewendet werden, damit wir sie erkennen und aus ihr eine belehrende Kraft entsteht. *„Dieses eigentliche Lernen ist somit ein höchst merkwürdiges Nehmen, ein Nehmen, wobei der Nehmende nur solches nimmt, was er im Grunde schon hat"* (Heidegger, zit. n. Meyer–Drawe 2012: 189).

Entscheidende Verhaltensveränderungen sind nur mit neuen Erkenntnissen und Erfahrungen verbunden, die sich von der bisherigen Persönlichkeit in einer extremen Form distanzieren.

„Wir sind nicht nur das, was wir ererbt haben, sondern unsere Möglichkeiten entfalten sich mit Hilfe der Appelle unseres Milieus. Der Erfolg dieser Anreize ist in den Fällen, in welchen er bislang untersucht wurde, zeitgebunden" (Meyer–Drawe 2012: 192).

Das bedeutet, dass wir uns mit Hilfe unseres Milieus verändern und an diese Appelle und Milieus gebunden sind.

„Das heißt, dass wir auch Chancen einbüßen können, wenn uns unsere Umwelt nicht pünktlich animiert, bestimmte Konnektionen von Nervenzellen zu explizieren oder zu inhibieren" (Meyer–Drawe 2012: 192).

Auf der Grundlage mimetischer Lehr– und Lernprozesse, welche sich bereits ab dem 9. Monat im Kindesalter vollziehen, unterstehen pädagogische Aufträge einer Intensivierung frühkindlicher Förderung und deren Erziehungsvorbilder einem hohen Bewusstsein der eigenen Vorbildfunktion für die Lernenden. Lernen meint aber auch darüber hinaus einen lebenslangen aktiven Vorgang des Akteurs in der Gesellschaft. *„Die Abtrennung der aktiven Phase des Tuns von der passiven des Erleidens zerstört die Bedeutung einer Erfahrung für das Leben."* (Meyer–Drawe 2012: 15) Die Balance zwischen Erfahrung und Reflektion dient einer nachhaltigeren Entwicklung und Konstitution des Selbst in Bildungsprozessen.

„Lernen selbst rückt vor allem in Form seiner Resultate in den Blick, etwa in behavioristischer Perspektive als dauerhafte Verhaltensänderung und im Rahmen kognitionstheoretischer Annahmen als Gedächtnisaufbau" (Meyer–Drawe 2012: 192).

Die Messbarmachung dieser Lernprozesse bleibt eine unbestimmte Vorstellung, wie man die Praxis und die Schwierigkeiten einer Theorie des Lernens bestimmen sollte. Zudem sind die Erfahrungen des Lernenden subjektiv und individualistisch. Lernprozesse beginnen nach Meyer–Drawe (ebd.) in der Vergangenheit des Individuums. Sie ermöglichen mit dem Satz „ich habe gelernt" einen Wunsch nach Verhaltensänderung aufgrund einer Erfahrung. Diese Erfahrung kann mit einen Weckruf und einem Aufmerken nach einem Wunsch der Veränderung und dem Vermeiden einer ähnlichen Situation in der Zukunft verglichen werden. Die Form dieser quantifizierbaren Einheit des Lernens bildet das Negative Wissen (siehe Kap. 4.1.3). Dabei kommt dem *Erfahren – Zulassen* eine besondere Stellung in der sinnlichen Wahrnehmung zu, auch wenn dies zu schmerzhaften Erfahrungen führen kann. Diese Erfahrungen drücken sich in der Verkörperung und seiner performativen Bewegungen und Interaktionen im Lebensalltag aus. Eine Festigung der Persönlichkeit und Befähigung des Lerners zum selbstregulierten lernen bleibt zunächst das Ziel erziehungswissenschaftlicher Modelle. In der Analyse des Lernens gründet ein entscheidender Blick auf den schweigenden Handlungen des Leibes und erhält eine Symbolhaftigkeit, die sich auch in ästhetischen und körperlichen Merkmalen zeigt, welche Kraft der Erfahrung im Körper steckt. So ist der Akt des sich in Form bringen ein aktiver Teil der Selbst–Bildung, in der Annahme, dass der Körper ein sehr dauerhaftes Material darstellt, in denen Praktiken einverleibt und Erfahrungen eingeschrieben sind (vgl. Zirfas & Lohwasser 2014).

4. Zum Umgang mit Fehlern

Die Angst Fehler zu begehen ist in unserer Gesellschaft allgegenwärtig. In einem engmaschigen Netz voller Wissen und Nichtwissen sind die Teilnehmer unserer Wissens– und Leistungsgesellschaft gebunden an Normen und einem festgeschriebenen Verhaltenskodex. Fehlermachen oder falsch liegen mit einer subjektiven Meinung kann ungeahnte Auswirkungen und Konsequenzen beinhalten, die zunächst unveränderbar erscheinen. Aus dieser Furcht vor Fehlern verkümmert der Mensch sehr oft zu reiner Passivität und schränkt sich in seiner Gestaltungsmacht unweigerlich ein.

Dabei gilt für den Alltag, die Wissenschaft und erst recht für die Kunst: Scheitern ist kreativ. *TanzZeit* als musisch– kreatives Projekt, kann in der Institution Schule eine willkommene Abwechslung zu bestehenden rigiden Rahmenbedingungen bilden. Eine eventuell vorherrschende negative Fehlerkultur kann durch performative Wirkungen der Teilnehmer/innen hinterfragt und verändert werden. Wo sonst wenn nicht am Lern– und Lebensort Schule bekommen Schülerinnen und Schüler die Möglichkeit, sich ihrer Wirkung und Erscheinung bewusst zu werden, mit ihr zu experimentieren und an ihr zu reifen. Grundlage dafür bildet eine angstfreie, inklusive und partizipative Lernkultur im Unterricht. Von vielen Bildungsforschern erwünscht, ist eine Lernkultur, in der ihre Akteure sich experimentell mit ungewohntem Neuen auseinanderzusetzen lernen und sich mit neu zu kreierendem Wissen konstruktiv beschäftigen. Dabei dürfen sie Fehler machen und sollen dies auch.

Gebunden an den Erfahrungen ihrer bisherigen Sozialisation im Elternhaus können Kinder meist nur auf einen normativ begrenzten Erfahrungsschatz zurück greifen, der ihnen im späteren Leben helfen soll, sich in der Welt und einer jeweils gegebenen Gesellschaft zu orientieren. Ein starres Fehlervermeidungsverhalten, wie sie es beispielsweise im Elternhaus erfahren haben, kann jegliche Formen der persönlichen Entfaltung hemmen und führt lediglich zu einer Adaption und Unterordnung hegemonialer Machtstrukturen. Nach Oser & Spychiger (2005) sind Fehlerfeindlichkeit und Fehlervermeidungsdidaktik zwei der Hauptgründe für eine schlechte Fehlerkultur in Klassenzimmern. Danach lassen sich viele Beispiele finden die belegen, dass Fehlersituationen im Unterricht hauptsächlich durch das Nicht–Vorhandensein oder das Nicht– Entstehenlassen von Fehlern einen falschen Umgang mit Fehlern erzeugen. Dabei steht vor jedem Lernprozess und Wissenserwerb ein Moment der Unkenntnis, des Nichtwissens oder ein Gefühl des Defizits. Dieses Gefühl eines Defizits, das für jegliches Lernen eine zentrale Notwendigkeit ist, wird oft totgeschwiegen oder von vielfältiger Seite angegriffen oder sogar für politisch als obsolet erklärt. Dass man etwas nicht weiß, nicht kann, oder nicht versteht, ist aus kognitionswissenschaftlicher Sicht jedoch eine zentrale Erkenntnis für den Einstieg eines Lernprozesses. Lernen meint Bewegung. Obgleich in physischer oder psychischer Auseinandersetzung bedeutet Lernen doch immer eine Überwindung eines Zustandes der Hilflosigkeit (vgl. Oser & Spychiger ebd.), angesichts eines Ziels, das wir manchmal genau, manchmal nur ansatzweise kennen. Dabei wird auf die Wichtigkeit des Aufbaus von Negativem Wissen verwiesen, welches die Kehrseite „Richtigem" Wissens bildet, um ein Gefühl des Nichtbeherrschens zu überwinden. Der Begriff Fehler wird dabei bisher in unterschiedlicher Art und Weise definiert. Zum einen kann damit eine Person gemeint sein, welche

„von einer Norm abweicht oder ein individuelles Ziel nicht erfüllt oder aber wegen einer unerfüllten Erwartung Frustration auslöst. Schließlich kann man mit Fehlern auch einen defizitären Teil eines Ganzen meinen" (Oser & Spychiger 2005: 35).

Es stellt sich die Frage, wie wir in pädagogischen Beziehungen intervenieren und eine positive Fehlerkultur im Unterricht etablieren können, sodass junge Menschen die freie Möglichkeit für Lernerfahrungen erlangen und sich befähigt fühlen, eine persönliche Hürde zu überwinden. Dieses Lernen meint einen Erwerb einer Fertigkeit, Fähigkeit oder wie bereits beschrieben wurde die Aneignung performativen Wissens. Die *„Entwicklung einer (...) lernorientierten Haltung gegenüber Fehlern ist eine der grundsätzlichen Voraussetzungen für Fehlerkultur"* (Oser & Spychiger 2005: 119). Dabei geht es um die Haltung,

„dass Fehler im Aufbau einer Wissens– oder Könnensarchitektur in einem bestimmten Sachbereich oder im Strategiegebrauch (...) keinen defizitären Charakter haben dürfen" (Oser & Spychiger 2005: 119).

4.1. Fehlerkultur im Unterricht

Die Wissensvermittlung markiert einen der wichtigsten Bestandteile im Bildungssystem. Aufgrund der Verknüpfung des Subjekts mit den Machtbeziehungen in denen es unweigerlich steckt, wird dem Pädagogen als Advokat der Bildung Machtausübung über das Kind legitimiert. Die Bildung des Subjekts verliert somit ihren aufklärerischen Anspruch und dient letztendlich nur der Selektion. Die Selbstwerdung des Subjekts und deren Individualisierung kann nur erreicht werden, wenn das Subjekt die Wissensvermittlung als aktiven Teil versteht (vgl. Volkers 2008). Erkenntnisse über die Welt und ein damit einhergehender Wissenszuwachs können nur erreicht werden, wenn mit den zu bildenden Subjekten eine pädagogische Beziehung eingegangen wird und neue Erkenntnisse und Sichtweisen im Weltverständnis Zugang finden. Die Wissensvermittlung galt früher lediglich der Wissensaufnahme durch das Subjekt und unterlag einer starren Beziehung zwischen den Subjekten und dem zu vermittelnden Gegenstand, einem Objekt.

„Wirklich bilden kann Wissen dagegen nur, wenn sich das Subjekt verändert. Bildung bedeutet für Foucault, dass sich das Subjekt von seiner bestehenden Sicht der Dinge und seinen bestehenden Verhältnis zu sich selbst losreißen kann" (Volkers 2008: 104).

Eine gute und ausgebildete Fehlerkultur kann didaktisch für eine offene Lernkultur sorgen und Möglichkeiten des Lernzuwachses in der Subjektbildung liefern. *„Die offenkundige Möglichkeit des Scheiterns aufgrund innerer Zwänge und Selbsttäuschungen muss als primäres pädagogisches Problem betrachtet werden"* (Volkers 2008: 109). Für Volkers (ebd.) ist die Stilisierung und Ästhetisierung letztlich ein Zeichen für eine gelungene Welt– und Selbstaneignung des Subjekts.

Für viele Schüler/innen stellt „das Auftreten von Fehlern oder die Vorstellung, Fehler machen zu können, (...) in ihrem schulischen Alltag eine Belastung dar" (Hannover 2012: 20). Dabei sollte

„Fehlern auch ein besonderes Potential für weitere Lernprozesse zugeschrieben werden, sofern sich Lernende nicht von ihren eigenen Fehlern abwenden, sondern die zugrunde liegenden Misskonzepte aufdecken und ihre Fehler eigenständig korrigieren" (Hannover 2012: 20).

Der individuell konstruktive Umgang mit Fehlern steht nach Hannover (ebd.) im engen Zusammenhang mit den schulischen Selbstwirksamkeitserwartungen und somit essentiell relevant für die Lernentwicklung der Schüler/innen und deren schulische Leistungen (vgl. Hannover ebd.).

Um einen guten Umgang mit Fehlern im Unterrichtsalltag zu gewährleisten müssen die Lehrpersonen sich nach Möglichkeit an einer positiven Fehlerkultur orientieren und sich von einer Fehlervermeidungsdidaktik abwenden. Aus weiteren Forschungen zur Fehlerkultur im Unterricht (Oser & Spychiger 2005; Hannover 2012) geht ein Ansatz zur Entwicklung einer positiven Fehlerkultur im Unterricht hervor, der sich in die Subskalen Fehlerlernorientierung, Fehlerangst und Fehlerfreundlichkeit gliedert.

Unter der *Fehlerlernorientierung* versteht man *„die Überzeugung, dass Fehler bedeutsame Lernchancen in sich bergen"* (Hannover 2012: 20), die eine Verbesserung der vorangehenden Fehler konstruktiv bearbeitet. Dabei werden Strategien entwickelt, die sich mit der Auseinandersetzung der Fehler intensiv beschäftigen um einen guten Umgang mit eigenen Fehlern zu ermöglichen (vgl. Hannover ebd.).

Die Skala der Fehlerfreundlichkeit erfasst „die von den Schüler/inne/n wahrgenommene Unterstützung in Fehlersituationen durch die unterrichtende Lehrperson" (Hannover 2012: 20).

Die Skala der *Fehlerangst* misst das Angsterleben in Fehlersituationen der Schüler/innen im Tanzunterricht. Zur Feststellung eines eventuell gegebenen Angstniveaus der Schüler/innen betrachten die Untersuchungen *„die Besorgtheit in der Antizipation von möglichen Fehlern im Tanzunterricht"* (Hannover 2012: 20).

4.1.1. Zur Entwicklung einer positiven Fehlerkultur

Da es sich bei der Beschreibung der Fehlerkultur im Unterricht um ein Konstrukt aus mehreren Einflussfaktoren handelt (siehe 5.1.2), entwickelten Oser & Spychiger (ebd.) einen Algorithmus zur Entwicklung und Evaluation der Fehlerkultur im Unterricht. Dieser soll eine Norm darstellen, welche kognitive Kontrollfunktionen als pädagogisch verantwortbare Interventionshandlungen beinhaltet und zu verwirklichen vorgibt. *„Deren Vereinbarkeit ergab sich aus dem Willen, den Aufbau Negativen Wissens über bestimmte Algorithmen zu fördern"* (Oser & Spychiger 2005: 125). Durch die Einhaltung des folgenden Algorithmus, wird dem eigenen Fehler– und Falschmachen eine hohe Bedeutung für Lernprozesse zugeschrieben. Der gemeinsame Fehlerbearbeitungsprozess unter diesen Rahmenbedingungen während einer Aufgabe bewirkt einen Schutz vor Beschämung und gilt zusätzlich als soziale Kontrolle für die Lehrkräfte (vgl. Oser & Spychiger ebd.).

1. Fehlerdetektion vornehmen
2. Zeit zur Fokussierung nehmen
3. Exzessive Kontrastierung von richtig– falsch und deren Begründung stimulieren
4. Möglichkeit zur Öffentlichmachung des Fehlers erkennen
5. Aufbau von Gedächtnisstützen ermöglichen
6. Repetitionsmöglichkeiten schaffen
7. Überprüfung und Bewertung des richtigen Verhaltens bewirken (Schutzwissen)
8. Aufbau eines tragfähigen Bewertungssystems organisieren
9. Flexible Evaluation der individuellen Fehlermechanismen vornehmen
10. Langzeitwirkung des Geleisteten wiederholend überprüfen

Abbildung 1: Algorithmus zur Entwicklung von Fehlerkultur (Oser & Spychiger 2005: 125)

Diese Phasen der Unterrichtseinheit geben einen Überblick auf ein situatives Handeln der Lehrpersonen im didaktischen Dialog. Die Fehlerdetektion läuft bei aufkommenden Fehlern ab durch das bewusstmachen des impliziten Wissens der Lehrperson. Für die Fokussierung des Fehlerwissens ist eine intensive zeitliche Beschäftigung im Unterrichtsgeschehen erforderlich. Dabei kann durch eine Kontrastierung des Richtigen und Falschen der Fehler öffentlich veranschaulicht werden. Mit Hilfe von Gedächtnisstützen und wiederholenden Durchführungen verinnerlicht der/ Schüler/in das neue Wissen. Dieses neue Wissen wird anschließend durch ein tragfähiges Bewertungssystem überprüft und gegebenenfalls erneut korrigiert. In einer ermunternden und motivierenden Vermittlung, werden die Lernprozesse der Schüler/innen evaluiert und nach gebotener Zeit wiederholt und geprüft. Der Algorithmus enthält dabei

„alle Elemente einer Theorie des Negativen Wissens: das Konzept der Norm– bzw. Erwartungssetzung, die Kontrastierung, die emotionalen Ansprüche, das Schutzwissen, die Bewusstwerdung des Falschen im Fehler [und] die offene Rückmeldung" (Oser & Spychiger 2005: 126).

4.1.2. Nonverbale Kommunikation in der Fehlersituation

Die Erlebensprozesse in Lernsituationen sind größtenteils unbewusst und emotional gesteuert. Fehlermachen gehört in diesen Prozess dazu. Indem wir die Norm entweder nicht erreichen oder übertreten, kreiert sich Negatives Wissen oder Schutzwissen ohne eine kognitive Bewusstwerdung. Indem wir uns über Fehler oder einen Irrtum ärgern, erreichen wir damit ein Bewusstwerden des Falschen und können an einer Korrektur dieses Lernens arbeiten, um in den darauffolgenden gleichen Situationen diese zu vermeiden oder sich für eine weitere Möglichkeit zu entscheiden. Die emotionale Intensität betrifft dabei den Grad der Tiefe und die Nachhaltigkeit eines damit zusammenhängenden Erlebnisses.

„Menschen sind intensiv enttäuscht und erinnern sich noch daran. Kinder sind intensiv beschämt und haben einen starken Hass auf diejenigen entwickelt, die diese Beschämung verursacht haben" (Oser & Spychiger 2005: 73).

Oser & Spychiger (ebd.) beschreiben im Zusammenhang zwischen der Fehlerkultur und des Sich– Schämens vier Grundemotionen, die auf Negatives Wissen affektstärker wirken als Emotionen auf positives Wissen. Ärger, Scham, Schuld und Angst führen als emotionale Dimensionen zu einem Aufbau Negativen Wissens und transformieren dieses in Schutzwissen.

„Sie behindern und fördern den Prozess der Wahrnehmung, der Interpretation und der Umwandlung des Negativen Wissens in Schutzwissen und auch dessen Funktion in Anwendungssituationen" (Oser & Spychiger 2005: 81).

Diese emotionalen Komponenten sind dabei sowohl für den Aufbau des Negativen Wissens verantwortlich und führen zudem auch zu einer Transformation zu Schutzwissen. Nonverbales Verhalten kann in seinem Ausdruck in Lehr– und Lernprozessen zwischen Lehrperson und Schulkind nach Auftreten eines Fehlers hindernd sowie fördernd wirken (vgl. Oser & Spychiger ebd.).

4.2. Aufbau von negativem Wissen

Das Falsche hilft dem Erkenntnisgewinn des Richtigen, das bedeutet, es leistet die vorausgehende Einsicht, dass etwas anderes nicht dazugehört, nicht so ist oder nicht so abläuft.

„Unter Negativem Wissen verstehen wir jene Aspekte des Erkennens, die eine bisher erworbene kognitive Struktur ins Wanken bringen oder ihr aber eine unerschütterbare Sicherheit geben" (Oser & Spychiger 2005: 11).

Der Aufbau von Negativen Wissen verläuft durch das Machen von Fehlern, dem Falschen Tun einer Sache oder einer falschen Entscheidung, welche ein unbefriedigendes Resultat am Ende verursacht. Indem wir versuchen das Richtige zu vollziehen, müssen wir immer wissen, was etwas nicht ist. Negatives Wissen konzipiert sich somit als Konstitution in einem Lernprozess.

„Die Paradoxie des Lernens, wonach Lernen bereits Wissen voraussetzt, entfaltet eine provokative Kraft, weil sie die Möglichkeit des Wissenserwerbs als offene Suche nach Tugend in Frage stellt" (Meyer–Drawe 2012: 19).

Lernen lässt sich nach Meyer–Drawe (ebd.) daher nicht nur „als Übergang vom Nichtwissen zum Wissen verständlich machen, sondern es hat die Konfrontation alternativer Wissensformen zur Vorbedingung" (Meyer–Drawe 2012: 19). Das Bewusstwerden eines Fehlers und dem Aufbau von Negativen Wissen bedarf es gleichzeitig einem Bedürfnis oder eines normativen Rufes nach dem Richtigen, auch wenn dieser Weckruf noch so schmerzhaft sich vollziehen kann, was insbesondere schon Platon betonte, in seinen Schriften über Lernprozesse. Drastisch formuliert Meyer–Drawe (ebd.) den Beginn von Bildungsprozessen, in denen neues Wissen zur Welt gebracht wird, als Dimensionen der „Erschütterungen, Befremden und Irritationen" (Meyer–Drawe 2012: 19) der alten Welt hinzu. Dabei kommt es auf die Konstitution des Selbst an, in welchem Ausmaß sich diese Erfahrungen wahrnehmen lassen und das Weltkonzept zu verändern im Stande sind.

„Negatives Wissen sagt uns, was etwas nicht ist und wie etwas nicht funktioniert, welche Strategien nicht zur Lösung komplizierter Probleme führen und auch warum bestimmte Zusammenhänge nicht stimmen" (Oser & Spychiger 2005: 26).

Negatives Wissen bildet die Spiegelseite des normativ Richtigen Wissens in Prozessen des Wissenstransfers und in dessen Lernprozessen. Oser & Spychiger (ebd.) unterscheiden dabei vier Arten von Negativen Wissen: das *negativ deklarative* Abgrenzungswissen, *negativ prozedurales* Wissen welches Formen von motorischen Lernen und Bewegungsabläufen beschreibt, *negativ strategisches* Wissen, welches für lösungsorientiertes Handeln bei Problemen angewendet wird und das Anwenden von Strategien für das Erreichen von Zielen dienen soll, sowie das *negativ Schemata– orientierte* Wissen. Das Letztere spiegelt Wissen darüber, warum bestimmte Gesetzmäßigkeiten notwendig sind und ausgeführt werden sollen. Diese vier Arten Negativen Wissens werden als zentral gesehen und entstehen im Laufe der Sozialisation. Sie sind daher performativ gesellschaftlich konzipiert, da sie alle zentralen Bereiche des Lebens durchlaufen und sich auf diese anwenden lassen.

Negatives Wissen kann durch einen subtilen Umgang mit Fehlern, einer positiven Fehlerkultur aufgebaut werden, bei dem die Protagonisten ein inneres Warnsystem anhand einer Erfahrung des Fehlermachens kreieren, welches sie aus ähnlichen Situationen zumindest in der Theorie erworben haben. Im Zusammenhang mit dieser Fehlerkultur wird es aufgerufen und tritt gleichzeitig und gleichwertig mit dem Richtigen, dem Positiven in Erscheinung. Jedoch bedeutet nicht jede Erfahrung eines Falschen automatisch einen Aufbau Negativen Wissens. Die vermeintlich Lernenden müssen sich vielmehr der Lernsituation bewusst sein und dürfen in dieser Situation nicht das Negative Wissen verdrängen oder löschen. Vielmehr bedarf es in Situationen einerseits

„genetische[n]r Transformationsprozesse[s] und andererseits einer neuen Situation, in der ähnliche Stimuli wirken, damit Negatives Wissen nach dem Entstehungsprozess auch gleich wiederum anwendend seine Schutzfunktion wahrnehmen kann" (Oser & Spychiger 2005: 27).

Oser & Spychiger (ebd.) berufen sich dabei auf die Idee des Lernens aus Einsicht, in der eine Wissensstruktur durch metakognitive Prozesse Schutzwissen ausbilden. *„Fehler sind, (...), eine operationalisierte Form des Aufbaus Negativen deklarativen und prozeduralen Wissens"* (Oser & Spychiger 2005: 118) und muss als Chance für produktive Lernprozesse und Wissensaneignung von Schulen und Lehrpersonen anerkannt werden. *„Mimetische Prozesse bieten Raum für Erfahrungen des Nicht– Identischen, in denen der Auseinandersetzungsprozess mit dem Außen selbst zum Ziel* *wird"* (Wulf 2005: 27). Dabei liegen *„die Grenzen der Realisierbarkeit dieses emphatischen Anspruchs an mimetische Prozesse in Bildungsinstitutionen (...) auf der Hand"* (Wulf 2005: 27).

4.2.1. Negatives Wissen und Alterität

Wie bereits beschrieben, formt sich unser Weltverständnis aus persönlichen Erfahrungen und angereichertem Wissen. Repräsentationen zeigen das Ausmaß, wie wir die Dinge und Prozesse der Welt erfassen und wiedergeben. Aus anthropologischer Sicht adaptiert der Mensch praktisches Wissen über mimetische Prozesse. Als Spiegelseite von Bildungsprozessen und der Formung von Wissen steht zudem die Kreation Negativen Wissens. Negatives Wissen bildet eine Wissensstruktur aus

„komplementäre[n] semantische[n] Elemente[n], die entweder auf Grund von Erfahrungen negativer Art (Fehler) oder aber durch Konstruktions– und Abgrenzungsprozesse zu Stande gekommen ist" (Oser & Spychiger 2005: 26).

Um Kinder und Jugendliche im Rahmen interkultureller Bildung für die Bedeutung der kulturellen Vielfalt und des immateriellen kulturellen Erbes zu sensibilisieren bedarf es der Erfahrung der Alterität. *„Nur mit Hilfe dieser Erfahrung sind sie in der Lage, mit Fremdheit und Differenz umzugehen und ein Interesse am Nicht– Identischen zu entwickeln"* (Wulf 2007a: 299). Die Ironie der mimetischen Adaption von Wissen der sozialen Interaktionspartner ist, dass mit der Imitation des begehrten Objekts gleichzeitig eine Abgrenzung zur Herstellung einer eigenen Identität einhergeht. Wulf (2007a) bezeichnet dies als den Begriff der Alterität bzw. Andersheit. Alterität entsteht aus den vom Menschen gemachten Erfahrungen des Fremden und der Einsicht einer immer größer werdenden Komplexität, bezogen auf die Welt und deren globaler Entwicklungen und den einhergehenden Folgen, welche tief eindringen in die Alltagswelt des Menschen.

„Je mehr wir wissen, desto größer wird die Komplexität der Welt, der sozialen Zusammenhänge und unseres eigenen Lebens. Je mehr wir wissen, desto mehr wächst das Nicht–Wissen" (Wulf 2007a: 297).

Diese Erfahrung geht auf eine Erschütterung des Vertrauten in der Alltagswelt zurück, in der sich lange für gültig erachtete Zusammenhänge plötzlich verändern oder unsicher erscheinen.

„Negatives Wissen enthält eine übermäßig starke metakognitive Steuerungsfunktion" (Oser & Spychiger 2005: 115). Metakognitive Prozesse beinhalten deklaratives sowie prozedurales Wissen über kognitive Prozesse die den Umgang mit konkreten Lernaufgaben beschreiben. Sie ermöglichen

das Induzieren von Lernstrategien und Evaluieren als Kontroll– und Steuerungsprozesse deren Ausübung.

„Nicht die Kontrolle im Sinne eines Sichtbarwerdens eines Ablaufs, eines Schemas oder einer Definition, sondern die Kontrolle im Sinne der richtigen Gegenüberstellung zweier Gegensätzlichkeiten, eben des Richtigen und des Falschen" (Oser & Spychiger 2005: 115)

wird im Verlauf der Metakognition betont. So wenden Lernende mit der richtigen Gegenüberstellung des positiven sowie gegensätzlich negativen Wissens permanente Vergleiche eines Soll– und Istwertes im Laufe des Lernprozesses an. In vielen Fällen ritualisierter Interaktionen und Prozesse erfährt das Subjekt bei dessen Versuchung einer Konstitution als Subjekt den Umschlag der Mimesis in Mimikry, was sich darin zeigt, dass die Schüler/innen beispielsweise sich an die unterrichtlichen Inhalte für Prüfungszwecke in Form von Auswendiglernen anpassen müssen.

„Eine Erschließung des Bildungswerts der Unterrichtsinhalte für die geistige und soziale Entwicklung jugendlicher Subjekte findet nicht statt. Die in der mimetischen Fähigkeit enthaltenen Bildungsmöglichkeiten werden nicht entfaltet " (Wulf 2005: 27).

Dabei steht im Zentrum einer interkulturellen Bildung, das Möglichmachen von Begegnungen mit dem Fremden, dem und ein Dialog zwischen verschiedenen Kulturen, um eine kulturelle Vielfalt im Zeitalter der Globalisierung und Europäisierung bei gleichzeitigen aufkommenden Tendenzen eines gefährlichen Nationalismus– Gedanken und einem damit einhergehenden Abspalten einer europäischen Einheit. In diesen Tendenzen werden immer wieder die vordergründigen Wünschen nach Autonomie und Schutzgedanken der eigenen Kultur laut, wie man es in Ländern wie Schottland oder Spanien aktuell beobachten kann. Entscheidend wäre sich der Erfahrung des Ungewissen, Nicht– Wissens und der Fremdheit zu stellen, vor allem im Bildungssystem. Junge Menschen müssen einen offenen Dialog der Kulturen und Andersheit lernen, welcher den zukünftigen Dialog zwischen den verschiedenen kulturellen Welten und den eigenen Erfahrungen mit dem Anderen zu kommunizieren im Stande sein muss (vgl. Wulf 2007a).

5.   Interview- und Videoanalyse

5.1. Qualitative Inhaltsanalyse

Ziele und Aufgaben qualitativer Inhaltsanalyse

Für die Auswertung problemzentrierter Leitfadeninterviews eignen sich verschiedene Verfahren, häufig wird aber die qualitative Inhaltsanalyse nach Mayring als am besten geeignet dargestellt (vgl. Flick 2011). Mayring formuliert verschiedene Kernaufgaben der qualitativen Analyse, welche auch innerhalb dieser Arbeit zum Tragen kommen sollen. Zunächst ist ein grundlegendes Ziel qualitativer Inhaltsanalyse die Hypothesenfindung und Theoriebildung (vgl. Mayring 2010). Dabei geht es einerseits um die „Aufdeckung der für den jeweiligen Gegenstand relevanten Einzelfaktoren", andererseits aber auch um die „Konstruktion von möglichen Zusammenhängen dieser Faktoren" (vgl. Mayring ebd.). Im Rahmen dieser Forschungsarbeit bedeutet dies beispielsweise die Freilegung forschungsrelevanter emotionaler Bewertungen von Tanz und dem prozesshaften Lernen einer Choreographie, in der die Schülerinnen und Schüler neue Anforderungen bewältigen und bearbeiten müssen. Diese wurden während der Interviews mit eigenen schulischen Erfahrungen im Verlauf von Lehr– und Lernprozessen im regulären Unterricht verglichen. Eine besondere Betrachtung bekommt die Fehlerkultur im Schulunterricht und der Lehrstil der Tanzlehrer, um diese innerhalb der Auswertung in einen Zusammenhang zu bringen. Auch lag ein Fokus auf den Umgang mit Störungen während der Unterrichtszeit.

Die Theorie– und Hypothesenbildung stützt sich auf eine kleinschrittige und regelgeleitete Analyse des vorhandenen Materials. Diese Art der Klassifizierung beschreibt Mayring als

„Ordnung eines Datenmaterials nach bestimmten, empirisch und theoretisch sinnvoll erscheinenden Ordnungsgesichtspunkten, um so eine strukturierende Beschreibung des erhobenen Datenmaterials zu ermöglichen" (Mayring 2010: 24).

Dabei können Klassifizierungen sowohl Ausgangspunkt der Analyse als auch ihr Ziel sein (vgl. Mayring ebd.). Damit ist gemeint, dass einerseits auf Basis theoretischen Vorwissens entwickelte Klassifizierungen und Ordnungsprinzipien an die Interviewdaten herangetragen werden, um diese innerhalb dieser einzuordnen. Andererseits können aber auch erst bei der Analyse der Daten Zusammenhänge und Kategorien zum Vorschein kommen, sodass die Klassifizierungen im Material selbst entstehen.

Weitere Ziele qualitativer Analyse sind die „Vertiefung" und die „Theorie- und Hypothesenprüfung" (vgl. Mayring ebd.). Einerseits können vorherige

Forschungsergebnisse in weiteren Studien vertiefend untersucht werden, andererseits erlaubt die qualitative Inhaltsanalyse auch die Vertiefung und Prüfung theoretischen Vorwissens anhand realen Datenmaterials. Besonders letzteres spielt für den genannten Kontext eine Rolle. Die Sichtweisen der Befragten auf ihren eigenen Erfahrungen im Schulunterricht bestätigen möglicherweise die Annahmen aus der Theorie, andererseits können die untersuchten Einzelfälle auch davon abweichen, unerwartete Haltungen und Verhaltensweisen zum Vorschein kommen und zu einer erneuten Reflexion theoretischer Annahmen führen.

Genese eines Kategoriensystems am Material

Grundsätzlich wird in der qualitativen Inhaltsanalyse das jeweilige Datenmaterial, also in hiesigen Kontext die aus den Interviews gewonnenen Texte, so in seine inhaltlichen Strukturen zerlegt, dass dabei sogenannte Analyseeinheiten entstehen, wobei im Vorhinein festgelegt wird, wie groß der kleinste Materialbestand (Kodiereinheit) und wie groß der größte Materialbestand (Kontexteinheit) ist. Die Zerlegung des Materials in derartige Abschnitte bietet die Grundlage der eigentlichen Analyse, bei der die einzelnen Aussagen abstrahiert werden. Diese Abstraktion wird vollzogen durch das graduelle Zusammenfassen und Generalisieren einzelner Analyseeinheiten. Das Ziel dieser Abstraktionen von Analyseeinheiten ist die Ordnung des Materials in Kategorien. Im Zentrum einer jeden qualitativen Inhaltsanalyse steht somit ein dem Forschungsgegenstand angemessenes Kategoriensystem (vgl. Mayring ebd.).

Bei der Durchführung einer qualitativen Inhaltsanalyse ist darüber hinaus zwischen zwei groben Analyserichtungen zu wählen, der Zusammenfassung und der Strukturierung. Bei der Strukturierung werden Kategorien a priori aus theoretischen Vorüberlegungen gewonnen, und dann mithilfe der abstrahierenden Analysetechniken deduktiv an das Textmaterial angewandt. Bei der Zusammenfassung handelt es sich um induktive Kategorienbildung, das heißt, erst über die Zusammenfassung des Textmaterials mittels einer kontinuierlichen Steigerung des Abstraktionsgrads entstehen die Kategorien. Die Genese des Kategoriensystems vollzieht sich somit im Laufe der Analyse. Der Analyserichtung der Strukturierung wird wissenschaftlich häufig vorgeworfen, „dass die Orientierung an Kategorien eine analytisch-zergliedernde Vorgehensweise bedeute, die synthetisches Verstehen des Materials verhindere" (Mayring 2010: 49). Demgegenüber stehen zusammenfassende Verfahren, „bei denen die synthetische Kategorienkonstruktion im Vordergrund steht, also das Kategoriensystem erst das Ergebnis der Analyse darstellt" (Mayring 2010: 50). Nicht zuletzt wegen dieses ganzheitlichen Charakters wurde für die hiesige Auswertung die

Analysetechnik der Zusammenfassung gewählt. Darüber hinaus gewährleistet sie eine stärkere und unvoreingenommene Betrachtung der subjektiven Haltungen der Schüler. So sollen ihre subjektiven Theorien über Fehlerkultur, dem Umgang mit Fehlern und Störungen im Unterricht und einem möglichen veränderten Selbstkonzept auf individueller Ebene ausschließlich anhand ihrer eigenen Aussagen herausgearbeitet werden. Erst die Ergebnisse dieser zusammenfassenden qualitativen Inhaltsanalyse, das heißt, die entstandenen Kategoriensysteme, sollen dann vor dem Hintergrund theoretischen Vorwissens weiter ausgewertet werden.

Die Technik der Zusammenfassung

Nun soll noch ein genauerer Blick darauf geworfen werden, wie während der qualitativen Inhaltsanalyse Kategorien induktiv gebildet werden. Dabei sind verschiedene Techniken der Zusammenfassung zu nennen, durch die einerseits eine kontinuierliche Erhöhung des Abstraktionsgrads erzielt wird, andererseits aber auch das Material reduziert und verdünnt wird. Mayring (ebd.) nennt hier die Techniken Auslassen, Paraphrasieren, Generalisieren, Konstruktion, Integration, Selektion und Bündelung.

In der ersten Phase der schrittweisen Zusammenfassung werden die einzelnen Analyseeinheiten durch Paraphrasen gekürzt („z1–Regeln"), dabei werden nicht inhaltstragende Textbestandteile fallen gelassen (vgl. Mayring ebd.). Darauf folgt die erste Reduktion des Materials, die in einer Verallgemeinerung der Paraphrasen auf ein höheres Abstraktionsniveau besteht („z2–Regeln"). Wenn die Paraphrasen unter dem angestrebten Abstraktionsniveau liegen, werden sie somit weiter generalisiert. Während dieser ersten Reduktion entstehen in der Regel inhaltsgleiche Generalisierungen, die daraufhin gestrichen werden können („z3–Regeln"). In einer zweiten Reduktion werden anschließend verschiedene, sich aufeinander beziehende Generalisierungen gebündelt und durch eine neue, abstraktere Aussage wiedergegeben, so dass am Ende der Analyse ein abstraktes Kategoriensystem steht („z4–Regeln"). Ein Abgleich mit dem originalen Textmaterial soll prüfen, ob das entstandene Kategoriensystem die Originalaussagen repräsentiert (vgl. Mayring ebd.). Bei der anschließenden Interpretation dient das entstandene Kategoriensystem als Grundlage für die theoretische Begründung als induktives qualitatives Verfahren.

5.1.1. Beschreibung der Untersuchungsgruppe

Ziel und Zweck der Interviewbefragung

Zur Ermittlung des Umgangs mit Fehlern bei der Wissensvermittlung und – Aneignung im Tanzunterricht wurden von dem Projektteam TanzZeit— Zeit für Tanz an Schulen—, leitfadengestützte Interviews mit den am Tanzprojekt teilgenommenen Klassen durchgeführt. Die Antworten der Schülerinnen und Schüler auf die hauptsächlich offenen Fragen wurden mit MaxQDA ausgewertet und unter Hinzunahme fachdidaktischer Literatur diskutiert. Die daraus folgenden Kategorien sollen Rückschlüsse auf Rahmenbedingungen für erfolgreiches Lehren und Lernen im Tanzunterricht liefern.

Beschreibung der Interviewbefragung

Zur Ermittlung der Wirkung musisch– kreativer Projekte auf Schülerinnen und Schüler wurde ein Leitfaden konzipiert und anschließend offene Interviews mit den Schülerinnen und Schülern durchgeführt, welche am TanzZeit Projekt teilgenommen hatten. Ein Schwerpunkt der Interviews lag auf den an sich selbst (körperlich, emotional, sozial etc.) beobachteten Wirkungen. So wurden die Schülerinnen und Schüler befragt, ob sie im Projektverlauf etwaige Veränderungen am eigenen Körper spürten, motivationale Veränderungen respektive ihrer Willenskraft und Ausdauer oder eventuelle Veränderungen ihrer schulischen Leistungen im normalen Unterricht. Ein Fragenkomplex der Interviews richtete sich auch auf mögliche Veränderungen in ihrem Sozialverhalten auf Individual– und auf Klassenebene. Dabei war von Interesse, ob bzw. wie sich das Klima in der Klasse im Verlauf des Tanzprojekts verändert hat. Ein weiterer Schwerpunkt lag auf der Beschreibung des Verhaltens der Tanzlehrer/in aus Sicht der Schüler/innen. Im Fokus stand hier vor allem der Umgang mit Fehlern in schwierigen Situationen und bei Fehlern im Tanzprojekt. Zudem wurden die Schüler/innen nach einem Vergleich im Verhalten der Tanzlehrer/in und dem der Klassenlehrer/in in Situationen der Wissensvermittlung befragt. Außerdem konnten sich die Schüler/innen dazu äußern, welche Faktoren ihrer Ansicht nach dazu geführt haben, am Ende eine gemeinsame Choreografie in deren Gesamtheit einzuüben und vor einem Publikum aufzuführen. Abschließend sollten die Schüler/innen beschreiben, was das TanzZeit– Projekt für sie selbst bedeutet und welche Erfahrungen sie für ihr weiteres Leben in und außerhalb der Schule erworben haben.

Interviewdurchführung

Für die vorliegende Arbeit und der speziellen Fokussierung auf den Umgang mit Fehlern bei der Wissensvermittlung– und Aneignung dem/der Tanzlehrer/in aus Sicht der Schüler/innen, wurden die im Rahmen des

Forschungsprojekts TanzZeit — Zeit für Tanz in Schulen — die erhobenen Interviews untersucht. Dafür wurde eine Klasse aus den am Projekt teilgenommen elf Klassen randomisiert ausgewählt. In dieser Klasse nahmen 13 Schüler/innen an den Interviews teil, davon neun Jungen und vier Mädchen. Die Befragung fand an zwei aufeinander folgenden Tagen in ihrer jeweiligen Schule statt. Die durchschnittliche Dauer der Interviews betrug 30 Minuten. Anschließend wurden die Interviews skripthaft transkribiert und mit der Software MaxQDA einer qualitative Inhaltsanalyse nach Mayring (ebd.) unterzogen, aus der die folgenden Kategorien zum Umgang mit Fehlern der Tanzlehrer/in aus Sicht der Schülerinnen und Schüler hervorgingen.

5.1.2. Ergebnisse der Interviewanalyse

Für die Hervorhebung des Umgangs mit Fehlern im Tanzunterricht bezog sich ein Fragenkomplex in den leitfadengestützten Interviews auf den Lehrstil der Tanzlehrer/in. Ein weiterer Fokus lag auf der Fehlerkultur im Tanzunterricht aus Sicht der Schüler/innen während der Tanzstunden. In einem weiteren Punkt sollte geklärt werden, wie der/die Tanzlehrer/in mit Störungen während der Unterrichtsstunden umgegangen sind und intervenierten. Abschließend sollten sich die Schüler/inne/n dazu äußern, was TanzZeit für sie bedeutet und welche Assoziationen sie damit verbinden.

Gemäß den in den Interviews genannten Fragen konnte in der Auswertung — zur Methode der Kategorienbildung und Kodierung vgl. Kapitel 5.1 — zwischen vier Oberkategorien und weiteren Unterkategorien unterschieden werden, welche insgesamt unter dem Konzept des Umgangs mit Fehlern im Tanzunterricht subsumiert werden können.

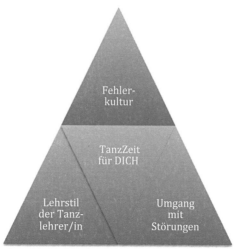

Abbildung 2: Kategoriensystem zum Umgang mit Fehlern im Tanzunterricht

Im Folgenden werden die insgesamt 128 Äußerungen bzw. Textpassagen, die von den 13 befragten Schüler/inne/n in unterschiedlicher Gewichtung und Ausführungsqualität zu den dargestellten Kategorien geäußert wurden, näher erläutert.

Lehrstil der Tanzlehrer/in

Der Lehrstil in den einzelnen Unterrichtseinheiten wurde von den Schülerinnen und Schülern zunächst als sympathisch und nett beschrieben. Nach vertiefender Befragung gaben die Schülerinnen und Schüler in den Interviews mehrheitlich an, dass Ihnen die Art und Weise der Vermittlung während den Übungen **Vertrauen** entgegengebracht wurde, welches sich positiv auf sie auswirkte und dabei half die unbekannten Anforderungen mutig anzugehen und zu bewältigen.

> Man braucht Vertrauen in dieses Tanzzeitprojekt, zu den Lehrern manchmal, dass sie nichts Gefährliches mit einem machen, ja und es hat auch sehr viel Spass gemacht. Wir haben verschiedene Tanzschritte gemacht und wir konnten unsere eigenen Ideen mit einbringen sowie Verbesserungsvorschläge. Dima, 10 Jahre

Ausgehend von einer souveränen und sicheren Haltung der Tanzlehrer/in während dem Projekt und speziell in den einzelnen Übungen, reagierten die Schülerinnen und Schüler auf das in sie gesteckte Zutrauen mit Vertrauen in ihre eigenen Leistungen und mit Zufriedenheit und Akzeptanz für das Projekt. In der Gesamtheit der Antworten auf den Lehrstil der Tanzlehrer/in ergab sich eine weitere Unterkategorie, die als **einfühlsam und geduldig** beschrieben werden kann.

Also sehr nett auf jeden Fall, mit viel Geduld was man in unserer Klasse auch braucht und ja. Amely, 11 Jahre

Ein weiteres Merkmal des Unterrichtsklimas war der **faire und hilfsbereite** Umgang der Tanzlehrer/in mit den Schüler/inne/n. Diese allgemeine Gleichberechtigung der Schülerinnen und Schüler während der Unterrichtsstunden sorgte für eine gesunde und funktionierende Gruppendynamik in der alle Teilnehmerinnen und Teilnehmer an einer gemeinsamen Choreographie arbeiteten.

Nett, sie haben einen verstanden, wenn man irgendwie gesagt hat, nein das fände ich jetzt nicht so gut, könnt ihr das nochmal ändern und da haben sie sich Gedanken gemacht wie sie das ändern könnten, sodass sie es allen Recht machen. Lena, 11 Jahre

Ein weiteres Merkmal des Unterrichtsklimas war die **spielerisch und motivierend** Vermittlung der Lerninhalte. Die Schülerinnen und Schüler das Neu zu erlernende schnell und neugierig auf und entwickelten eine lustvolle und kreative Arbeitshaltung. Durch die Art und Weise der lustigen Vermittlung während einem Spiel konnten neue Bewegungen, Standbilder und Posen, sowie Tanzschritte bei den Schülerinnen und Schüler adaptiert werden und zudem hatten sie die Möglichkeit sich selbst auszuprobieren und eigene Ideen und Übungen zu gestalten um diese später in der Choreographie aufzunehmen.

Zusammen hat es richtig viel Spass gemacht, die Lehrer haben uns immer motiviert und gesagt ihr schafft das, ihr seid ne richtig gute Klasse ihr schafft das bestimmt. Ihr schafft es dahin zu gehen, ihr macht das schon. Und das hat mir dann auch Motivation gegeben mit unserer Gruppe zusammen das durchzuziehen. Benjamin, 11 Jahre

Ein wesentliches Merkmal der sozialen Interaktion zwischen Lehrkräften und Schülerinnen bzw. Schülern war der **partizipativ und demokratische** Charakter des Lehrstils.

Die Phrase die wir selbst erstellen konnten. Wir hatten die freie Wahl, was wir dazustellen können. Johannes, 12 Jahre

Eigene Ideen und Vorschläge der Schülerinnen und Schüler wurden berücksichtigt und anschließend in der Choreographie realisiert. Die Rolle der Mitbestimmung im Unterricht wurde als ein entscheidender Einfluss positiv für das Unterrichtsklima gewertet.

Also es ist ein Projekt das auf jeden fall sehr viel Spaß macht. Bei der Aufführung haben wir ja nur einen Teil aufgeführt. Aber in Wirklichkeit haben wir nicht nur eine Choreographie, sondern ganz viele Choreographien gemacht und uns für die, die am meisten Spaß gemacht haben entschieden. (...) Wir konnten unsere eigenen Ideen mit einbringen und Verbesserungsvorschläge. Dima, 10 Jahre

Fehlerkultur

Zur Ermittlung der Fehlerkultur im Tanzunterricht wurden die Schülerinnen und Schüler befragt, wie sich die Tanzlehrer/in in Fehlersituationen ihnen gegenüber verhalten haben und welche Reaktionen dabei die Klasse gezeigt hat. Auch wurden die Schülerinnen und Schüler befragt, ob bzw. welche Veränderungen es im Laufe des Projektunterrichts in der Einstellung zum „Fehlerbegehen" ergeben hatte oder ob es generell ein Bewusstsein für Fehlersituationen in der Klasse gab.

> Naja, also, es gibt unterschiedliche Reaktionen. Ein paar haben gestöhnt und gesagt nicht noch einmal tanzen. Andere haben gesagt, du kannst es noch verbessern. Und wieder andere haben Tipps einem gegeben.

> Johannes, 12 Jahre

Drei der 13 Befragten gaben an, Angst vor den Konsequenzen der Lehrer oder Mitschüler im Unterricht zu haben, die sie davon abhält, sorglos und frei im Tanzunterricht offen für Fehler zu sein. Dies wurde unter der Subkategorie **Fehlerangst** im Unterricht zusammengefasst, die das Angsterleben in Fehlersituationen sowie die Besorgtheit in der Antizipation von möglichen Fehlern im Tanzunterricht beschreibt.

> Ich habe das nicht so gesehen. Ich habe mir eigentlich von vornherein Mühe gegeben und probiert es richtig zu machen. Und ich habe auch wirklich wenig Fehler gemacht. Aber wenn ich Fehler gemacht habe dann war er immer ein bisschen sauer auf mich. Tobias, 12 Jahre

Dies wurde dennoch unterschiedlich von den einzelnen Schüler/inne/n wahrgenommen, denen zum Teil Verständnis und Hilfe von Seiten der Mitschüler/inne/n für Fehler entgegengebracht wurde und andererseits Unverständnis vermittelt wurde. Weiterhin gaben die Schüler/innen an, in Situationen in denen sie nicht weiter wussten und Unterstützung benötigen, Mitschüler/innen oder den Lehrer/in um Hilfe zu bitten und dies sich auch während der Projektzeit verbessert habe. Als weitere Möglichkeit der Fehlerkorrektur wurde die Möglichkeit genannt, zu Hause die schwierigen Stellen erneut zu üben und die Eltern als unterstützende Möglichkeit für das Erlernen neuen Wissens heranzuziehen.

Fast alle der Befragten (10 von 13) nahmen allgemein eine hohe **Fehlerfreundlichkeit** in den Tanzstunden der Tanzlehrer/in wahr, die dem/der Tanzlehrer/in eine unterstützende Einstellung bezüglich Fehler machen dürfen attestiert. Die Schülerinnen und Schüler nahmen eine positive Grundstimmung der Tanzlehrer/in betreffend dem Fehlermachen wahr, dass sie dazu anregte, die neuen Aufgaben anzugehen und bei bedarf nach Hilfe zu fragen.

> Nein. Wenn man sie darauf nochmal angesprochen hat, dann sind sie das alles nochmal mit einem durchgegangen danach. Während bei geht ja nicht, wegen den

anderen. Und wir hatten ja auch immer fünf Minuten Pause, da könnte man auch nochmal fragen. Lena, 11 Jahre

Zudem wurde positiv erwähnt, dass das offene Eingestehen von Fehlern bei dem/der Tanzlehrer/in dazu beitrug, selbst Fehler machen zu dürfen und einen entspannten Umgang mit Fehlern zu pflegen.

Ja am Anfang haben sie sich immer kaputtgelacht dass man hier falsche Sachen tanzt und am Ende hat man das auch respektiert, dass man auch mal Fehler machen kann und nicht immer alles richtig macht. Stefie, 13 Jahre

Aufgrund des hohen Einflusses der Lehrkraft auf die Fehlerangst im Unterricht mit ihrem Umgang mit Fehlern bei den Schüler/inne/n ist es erfreulich, dass den Schüler/inne/n Vertrauen und Unterstützung entgegengebracht wurde, sodass positive Lernerfahrungen erzeugt werden konnten. Diese damit einhergehende **Fehlerlernorientierung**, nämlich der Zuversicht aus den gemachten Fehlern lernen zu können und bei der Bearbeitung derer Lernprozesse produktiv zu erzeugen, zeigt die von allen drei Faktoren beeinflusste positive Fehlerkultur im Tanzunterricht.

Wenn ich einen Fehler gemacht habe, dann haben die das bemerkt und gesagt, "Oh nicht so schlimm", machs einfach! Da haben sie mir gesagt, guck mal du kannst es dir gut vorstellen, wenn wir jetzt das machen, dann machst du das, also sie haben mir immer sehr gut geholfen den Faden wieder zu finden und das wieder richtig hinzukriegen. Sie waren sehr gute Lehrer und haben mir sehr gut geholfen. Benjamin, 11 Jahre

Auf die Frage wie die Klasse auf individuelle Fehler reagiert habe, wurde mehrheitlich geäußert, dass die Schülerinnen und Schüler ohne weitere Konsequenzen weitergetanzt haben, da Fehler zudem jedem passieren hätten können.

Einfach weiter gemacht. Also nicht ausgelacht oder so. Fabian, 12 Jahre

Als Lernorientierung gaben die Schüler/innen an, hauptsächlich auf ihre Klassenkameraden in den Situationen geachtet zu haben.

Dann hab ich versucht, mir die jeweiligen Schritte bei denen abzugucken die es besser können. Das hat meistens geklappt. Ramon, 11 Jahre

Zudem übten die Schüler/innen schwierige Tanzschritte zu Hause und baten bei Unsicherheiten ihre Eltern um Rat und Hilfe.

Umgang mit Störungen

Des Weiteren wurden die Schüler/innen befragt, wie sie das Verhalten der Tanzlehrer/in in Situationen der Unterrichtsstörungen empfanden, beispielsweise aufgrund lauter Nebengeräusche, Streitigkeiten oder Unkonzentriertheit. Zwei der Befragten gaben an, dass die Tanzlehrer/in versuchten durch **autoritäres und bestimmtes Auftreten** ein allgemein positives und konzentriertes Arbeitsklima wiederherzustellen.

> Also P. war eher ruhig und ziemlich zurückhaltend und A. war irgendwie, was er gesagt hat war Gesetz. Der hat irgendwie ziemlich viel Raum eingenommen. Giacamo, 11 Jahre

Der/die Tanzlehrer/in trat bestimmt und mit lauter Stimme auf, um den gehobenen Geräuschpegel zu senken und den Fokus wieder auf den Unterricht zu richten, wobei dem/der Tanzlehrer/in eine grundsätzliche Gesprächsbereitschaft attestiert wurde.

> Also erst haben sie nett gesagt dass man aufhören soll, aber irgendwann haben sie einen auseinander genommen und sind auch mal ein bisschen sauer geworden aber nicht schlimm. Mira, 12 Jahre

Bei Streitigkeiten oder größeren Auseinandersetzungen in schwierigen Situationen intervenierten der/die Tanzlehrer/in mit **Auszeiten**, in denen die Schüler/innen die Möglichkeit zur Beruhigung und Reflektion erhielten. Dabei konnte der Rest am weiteren Unterrichtsgeschehen teilnehmen und sich störungsfrei konzentrieren. Für viele der Befragten Schülerinnen und Schüler war dies eine zu akzeptierende Notwendigkeit und gern gesehen, zumal diese für sich dem Unterricht besser folgen konnten. Zudem wurde von dieser Art des Eingreifens der Tanzlehrer/in nur sehr selten Gebrauch gemacht.

> Naja, da sind sie dazwischen gegangen und wenn sie sich weiter gestritten haben, dann haben sie schon gesagt, naja, du machst jetzt mal für ne kurze Zeit nicht mit. Fabian, 12 Jahre

Von den Befragten als insgesamt sehr wirksam und positiv empfunden, wurde der Umgang mit Störungen der Tanzlehrer/in mit der Form des lauten **Klatschens.** Aufkommende Unruhen, Streitigkeiten oder allgemeine Unkonzentriertheit während dem Tanzunterricht, wurden in Form nonverbaler Interventionen, die Klasse zu beruhigen und auf sich aufmerksam zu machen. Der/die Tanzlehrer/in konnte dabei die Klasse animieren, gemeinsam für Konzentration und Ruhe zu sorgen, indem durch imitieren der Lehrer/in die Schüler/innen sie sich selbst beruhigten den Fokus auf die Lehrperson richteten.

> Wir hatten immer ein Klatschsignal, also der Lehrer oder die Lehrerin hat dann immer geklatscht, und dann mussten wir immer so nachklatschen. Und A. hat solange gewartet bis jeder das gemacht hat. Und so hat er ohne rumzubrüllen das ganz ruhig und gelassen angegangen- und hat uns so zum Kreis gebracht, ganz ruhig. Benjamin, 11 Jahre

TanzZeit für Dich

Um in der weiterführenden Analyse auf die mimetischen Prozesse im Tanz einzugehen sollte abschließend in den Befragungen der Schülerinnen und

Schüler herausgefunden werden, was sie mit TanzZeit verbinden. Ein Aspekt konzentrierte sich darauf, welche Wirkungen und Veränderungen die Schüler/innen mit Hilfe des Tanzprojekts bei sich selbst wahrnehmen konnten.

Die Schüler/innen der Untersuchungsgruppe gaben zu Beginn der Interviews an, dass sie zunächst skeptisch auf den Tanz und dessen Wirkungen geblickt haben. Dabei konnte festgestellt werden, dass die Jungen zunächst mehrheitlich **Zweifel** und Unmut äußerten. Im Laufe der Tanzstunden entwickelten die Schülerinnen und Schüler jedoch Freude und Interesse am Projekt und begannen sich konstruktiv daran zu beteiligen. Acht der 13 Schülerinnen und Schüler gaben an, durch **Spaß** am Tanz sich weiter mit dem Projekt zu beschäftigen. Die anfängliche Skepsis wich der Freude und Begeisterung für das Projekt. So stellte sich ein Gefühl einer allgemeinen Akzeptanz und Motivation bezogen auf das Projekt ein.

> TanzZeit ist für mich Spaß- Es macht Spaß mit meinen Freunden zusammen zu arbeiten, Choreographien zu lernen und es ist sehr anspruchsvoll. Also wir machen sehr viel und lernen viel dazu. (...) Also für mich ist TanzZeit eine gute Abwechslung zum normalen Unterricht. Weil da lernen wir was Neues kennen, tanzen, also ich fand das gut. Benjamin, 11 Jahre

Die Schülerinnen und Schüler gaben als Besonderheit des Tanzunterrichts gegenüber dem gewöhnlichen Schulunterricht an, dass es sich um eine neue und andere Form des **Lernens** handelt. Bei dieser neuen Art wird das bisher Unbekannte schneller adaptiert und verarbeitet, so die Schüler/innen. Lehr- und Lernprozesse liegen im Tanzunterricht auf einer körperbezogenen, sinnlichen Art des Weltzugangs, welche im Projektverlauf nachhaltige, positive Effekte auf das Wahrnehmen, den Ausdruck und am Ende auf die Choreographie der Schüler/innen ausübten.

> Ja, du lernst viel schneller. Weil du das irgendwie immer wiederholst und durch diese Tanzbewegung die prägst du dir irgendwie viel schneller ein als wenn du dir Mineralstoffe oder Vitamine einprägen musst. Und ja, das geht halt schneller. Tobias, 12 Jahre

Diese Art des neuen Lernens geht für die Befragten hauptsächlich auf die Eigenschaft der nonverbalen Vermittlung des Lernstoffes zurück. Einen entscheidenden Anteil bekommt der Körper durch seine Möglichkeit des Ausdrucks und der Darstellung, was als besondere Eigenschaft des Tanzes in diesem Fall als **Bewegung** eingeordnet werden kann. Durch das Einüben und trainieren neuer Tanzschritte hatten die Schüler/innen die Möglichkeit, in der Bewegung neue, poetische Wege des Ausdrucks ihrer Leiblichkeit und Expressivität des Körpers zu finden und interaktiv aufeinander Bezug zu nehmen. Die Kombination aus Bewegung und Ausdruck wurde daher für viele als Ausdruckssport wahrgenommen und geschätzt.

Man sitzt nicht auf Bänken. Man kann sich frei bewegen. Beim Unterricht da muss man oder sollte man auf dem Platz sitzen bleiben und seine Aufgaben machen und beim tanzen kann man eben auch noch selbst Ideen mit einbauen. Lena, 11 Jahre

Dennoch galt für sechs der 13 Befragten das TanzZeit– Projekt als eine **Herausforderung** welche sie nicht angenommen hätten, wenn es nicht Pflicht gewesen wäre. Die Schüler/innen lernten damit, auch in schwierigen Situationen nicht aufzugeben und Ängste oder Unsicherheiten zu überwinden. Zudem gab die Mehrheit der Befragten an, durch das überwinden von persönlichen Grenzen, sich selbst im Tanzprojekt verändert zu haben.

Naja, dass man halt durchhält, dass man halt jetzt nicht einfach wenn es ein paar Schwierigkeiten gibt einfach aufhört und naja, dass man die Arbeit halt durchführt und weitermacht. Simon, 11 Jahre

Diese Art des „Durchhaltens" und des gemeinsamen Arbeitens an einer Choreographie der Klasse veränderte die Schüler/innen in ihrer Wahrnehmung der eigenen Stärken und Fähigkeiten. Zehn der 13 Befragten gaben an, diese Veränderungen des eignen Könnens und dem Bewusstwerden der eigenen Stärken aufgrund des Tanzprojekts erfahren zu haben. Dies kann als Kategorie der **Selbstkonzeptstärkung** subsumiert werden. Damit geht eine positive Veränderung der Zuversicht des eigenen Wirkens und Tuns der Schüler/innen einher, das sie als positive Wirkung auf die Schule übertragen.

Naja, das man vielleicht sicherer wird und sich mehr zutraut und weiß, ich kann das schaffen und so. Und nicht mehr so zurückhaltend ist. Dima, 10 Jahre

Zudem kann dieser Effekt sich auf ihr weiteres Leben positiv auswirken und konnte als Erkenntnis mitgenommen werden.

Man lernt zu vertrauen, in sich und in die anderen. Und das man an sich glaubt und nicht mehr so schüchtern ist. Einfach loszulegen habe ich gelernt. Fabian, 12 Jahre

Zusammenfassung

Bei der Betrachtung der Rahmenbedingungen für mimetische Lehr– und Lernprozesse im Tanzunterricht und der Fokussierung auf den Umgang mit Fehlern bei der Wissensaneignung und –vermittlung konnte ein mehrdimensionales Konzept aus verschiedenen bedeutsamen Einflussfaktoren eruiert werden. Das Zusammenspiel der herausgestellten Grunddimensionen, wie dem Lehrstil der Tanzlehrer/in, der Fehlerkultur im Tanzunterricht, sowie dem Umgang mit Störungen der Tanzlehrer/in und dem subjektiven Empfinden der Kinder bezüglich des TanzZeit– Projekts liefern Befunde für ein positives Klassenklima in den Arbeitsbeziehungen und nehmen gegenseitig Einfluss aufeinander.

Der *Lehrstil* der Tanzlehrer förderte eine allgemeine Bereitschaft und positive Einstellung zum TanzZeit– Projekt bei den Schüler/inne/n. In einem

Setting des Vertrauens, der partizipatorischen Teilhabe und in demokratischen Prozessen besaßen die Schüler/innen die Möglichkeit, ihre eigenen Ideen betreffend der Abschlusschoreographie in einem kreativen Prozess mit einzubringen. Die Führungsperson gab Hilfestellungen, ohne dabei jedoch den Schüler/innen die Verantwortung aus der Hand zu nehmen. Des Weiteren konnten die Tanzlehrer/in durch eine spielerisch- motivierende Vermittlung des zu Lernenden die Schüler/innen animieren sich dem Unterrichtsgeschehen hinzugeben. Eine positive und offene Lernatmosphäre wurde geschaffen, durch eine einfühlsame– geduldige, sowie faire und hilfsbereite Einstellung bezüglich der Unterrichtsführung.

Bei aufkommenden *Unterrichtsstörungen* intervenierten die Tanzlehrpersonen umsichtig und mit der nötigen Sensibilität für die Situation. Durch ein autoritäres Auftreten in diesen Situationen übernahmen die Tanzlehrer/in für einen kurzen Moment die Hauptverantwortung und reagierten mit Distanz auf Fehlverhalten, bis ein allgemeiner Konsens bezüglich einer positiven Lernatmosphäre wieder hergestellt wurde. Bei größeren Konflikten erhielten die Beteiligten die Möglichkeit, für eine kurze Zeit außerhalb des Unterrichtsablaufs sich zu beruhigen. Als sehr effizient und positiv von den Schüler/innen empfunden wurde das didaktische Mittel des Klatschens der Tanzlehrer/in. Durch nonverbales, rhythmisches Klatschen in die Hände wurden die Schüler/innen animiert selbiges zu tun, bis eine allgemeine Aufmerksamkeit auf das Unterrichtsgeschehen wieder hergestellt und Zwischengespräche eingestellt wurden.

Von besonderem Interesse war dabei, wie die Schüler/innen im TanzZeit–Projekt mit Fehlern umgingen und wie sie die Unterstützung durch die Tanzlehrer/innen in Fehlersituationen bewerteten. Das Auftreten von Fehlern oder die Vorstellung, Fehler machen zu können, kann für Schüler/innen in ihrem schulischen Alltag eine Belastung darstellen. Andererseits kann Fehlern auch ein besonderes Potential für weitere Lernprozesse zugeschrieben werden, sofern sich Lernende nicht von ihren eigenen Fehlern abwenden, sondern die zugrunde liegenden Misskonzepte aufdecken und ihre Fehler eigenständig korrigieren. Bezüglich der *Fehlerkultur* im Tanzunterricht konnte gezeigt werden, dass die individuelle Lernbereitschaft der Schüler und Schülerinnen abhängig ist von dem Grad der Fehlerangst, der Fehlerlernorientierung sowie Fehlerfreundlichkeit der Tanzlehrpersonen. Diese müssen in einem Rahmen der Fehlerorientierung den Schüler/inne/n die Möglichkeiten bieten Fehler zu machen und sie darauf aufmerksam machen, um diese zu korrigieren. „*To be able to learn from one's wrong doing, the subject must be made aware of his errors and aknowlege them*" (Oser 2005: 89). Dafür benötigt es eine offene Lernkultur und eine emphatische und unterstützende Basis der Interaktion. „*Die Beziehung zwischen Lehrer und Schüler ist durch gegenseitiges*

Vertrauen gekennzeichnet, sie wird von beiden Seiten gleichermaßen aktiv (mit)gestaltet" (Schweer 2000: 129). Dieser gegenseitige Prozess ist für Schweer (2000) ebenso eine grundlegende Komponente für ein erfolgreiches Gestalten von Lehrer– Schüler Beziehungen und einem daraus resultierendem guten Unterrichtsklima. Die Ergebnisse der komparativen Inhaltsanalyse decken sich zudem mit Aussagen von Schweer (2000) und dessen umfangreichen Forschungen bzgl. leistungsnaher Persönlichkeitsmerkmalen und schulischen Klimavariablen. Dabei wurde festgestellt, dass *„Lehrerunterstützung, Affiliation zwischen Schülern und Mitbestimmung ein positives, Erfolgserwartungen und Selbstkonzept förderndes Klassenklima bewirken"* (Schweer 2000: 28).

> Am Anfang war ich noch ein bisschen schüchtern, eben beim tanzen vor den anderen und so. Und ich habe gelernt, wie man das macht und damit umgeht. Und das hilft auch fürs weitere Leben. Also wenn man schüchtern ist hat man auf jeden Fall ein Problem. Ramon, 11 Jahre

Auf die Frage, welche Auswirkungen das auch auf den weiteren Schulverlauf haben kann, antwortete ein Schüler direkt mit dem Beispiel, nach Hilfe fragen zu können indem der dafür nötige Mut aufgebracht wird.

> Natürlich. Wenn ich zum Beispiel eine Frage an den Lehrer hab, damit den Mut zu haben ihn zu fragen. Ramon, 11 Jahre

Eine weitere Kategorie die sich anhand der Interviews ergab waren die Wirkungen der Tanzstunden für die einzelnen und der persönliche Erfolg durch die Teilnahme am TanzZeit Projekt bis zum Schluss, dessen Ergebnisse unter der Kategorie **TanzZeit für Dich** subsumiert werden konnte. Das Erlernen der anspruchsvollen Choreographien konnte allen Beteiligten mit Spaß vermittelt werden, was sie als gelungene Abwechslung zum normalen Unterricht ansahen. In der Bewegung stellten sich die Tänzer/innen der Herausforderung eines unbekannten Lernziels welches tänzerisch erlernt werden sollte. In den Interviewaussagen der an der Befragung teilgenommenen Schüler/innen des Radialsystems wurde deutlich, dass dieses Überwinden ihrer eigenen Ängste und Schwächen zu einer Steigerung ihres Selbstkonzeptes beitrug. Die Schüler/innen gaben an, die Idee Royston Maldoom´s *„You can change your life in a dance class"* für sich verinnerlicht zu haben. Lerntheoretisch gilt die Überwindung eines Defizits, in diesem Fall das Erstellen einer zuvor unbekannten Choreographie, als Möglichkeit an dieser Aufgabe zu wachsen und diese Erkenntnis auf ihr weiteres Leben in und außerhalb der Schule zu übertragen.

> „Die Grundlage bietet das dabei angereicherte Negative Wissen (...). Dabei muss ein   Bewusstsein darüber existieren, dass man etwas noch nicht weiß oder kann, aber es wohl durch Anstrengung erwerben könnte" (Schweer 2000: 112).

Aufgrund seiner offenen Struktur können Projekte wie TanzZeit eine Vielfalt an Variationen und Ausdrucksmöglichkeiten bei den einzelnen Teilnehmer/innen wecken, wozu die Choreografen und Tanzpädagog/inn/en aufgerufen sind, diese aktiv mitzugestalten. *„In einem solchen Setting sollte es prinzipiell jeder/jedem Schüler/in gelingen, erfolgreich zu sein, was sich gleichzeitig in einer geringeren Angst vor Fehlern wiederspiegeln sollte"* (Hannover 2012: 21).

5.2. Qualitative Videoanalyse

Ziele und Grenzen qualitativer Videoanalysen

„Die Rekonstruktion der Bedeutung einer so komplexen Sinnstruktur, wie sie einer Film– oder Videosequenz zu eigen, stellt die qualitative Sozialforschung vor eine Reihe neuer Probleme" (Reichertz 2011: 7). Denn ohne Zweifel kann sich die Auslegung einer Sequenz laufender Bilder nicht darin erschöpfen, mehr oder weniger erprobte und bewährte Verfahren der Text– und Bildinterpretation und deren Methodologie auf die neue Datensorte ‚Film' oder ‚Video' bruchlos anzuwenden. Zu unklar ist nämlich, welche Art von Daten zur Untersuchung zur Verfügung stehen, wie man sie taxiert, wer als Autor in Frage kommt und was mit dem ‚Sinn' oder der ‚Bedeutung' solcher Artefakte überhaupt bezeichnet werden soll (vgl. Reichertz ebd.).

Zur Generierung von Erkenntnis in qualitativen und rekonstruktiven Verfahren, wie beispielsweise anhand einer Sequenzanalyse, kommt dem stillschweigenden Vor– Wissen in der empirischen Forschungspraxis eine große Bedeutung zu.

„Mit der Konzeption des atheoretischen oder stillschweigenden, in die Handlungspraxis eingelassenen Wissens (...) also in moderner Terminologie auf jenes Problem Bezug genommen, wie es traditionell in einer eher objektivistischen Ausdrucksweise als Seinsge- oder Seinsverbundenheit gefasst ist" (Bohnsack 2010: 193).

Dies hat mit der Weltanschauung, der Standortgebundenheit und der Milieuzugehörigkeit des Forschenden zu tun. Um den Ansatz des Negativen Wissens damit noch einmal aufzugreifen, so bildet dieser eine Kehrseite für die gewünschte Wissensaneignung.

„Zugleich wird evident, dass das atheoretische Vor– Wissen des Interpreten nicht als bedrohliche Fehlerquelle des Erkenntnisprozesses anzusehen ist, sondern zuallererst als dessen unabdingbare Voraussetzung, als Voraussetzung für Emergenz und Kreativität" (Bohnsack 2010: 196).

In der folgenden Sequenzanalyse bildet den homologen Orientierungsrahmen (Umgang mit Fehlern bei der Wissensvermittlung und –

Aneignung) das nach Nohl (2013) sogenannte Tertium Comparationis, dem eine Rahmeneinheit unterlegen ist. Nach Nohl (ebd.) beginnt die komparative Analyse in der dokumentarischen Interpretation bereits in der Analyse der Sequenzen. Die gewählten Sequenzeinheiten sind schon teil der Untersuchung und Forschung und bedingen sich gegenseitig als Analyse und Ergebnis bei der Sequenzauswahl in einem hermeneutischen Verfahren.

„Genau genommen wird in der vergleichenden Analyse einer Folge von Sequenzen nicht schon der gesamte homologe Rahmen, sondern erste Komponenten des Orientierungsrahmens rekonstruiert" (Nohl 2013: 266).

Dabei ist dennoch der homologe Rahmen der Komponenten bereits festgelegt, welches das Tertium Comparationis beschreibt.

Die einzelnen Sequenzen, welche sich auf die aus den Interviews hervorgehenden Analysen zur Fehlerkultur und der dem Thema zugrunde liegenden mimetischen Prozesse bilden, beeinflussen ebenso die Dimension der Sequenzauswahl als auch deren Sichtungspunkte. Aus dem Suchen nach Intensität des zu ermittelnden wird daher eher ein Suchen nach Bestätigung, *„[...] nach ‚homologen', dasselbe dokumentarische Wesen bekundenden Momenten [...] als eine Ergänzung eines Bruchstückes durch hinzukommende weitere Bruchstücke"* (Nohl 2013: 267). Für Reichertz (2011) besteht im Kern daher jede Deutung darin,

„dass man etwas, das dem aktuellen expliziten menschlichen Ausdruck eingelassen ist, deutlich(er) macht – kurz: Das Implizite des Gezeigten expliziert. Deuten heißt explizit machen" (Reichertz 2011: 41).

Für diese Art der Deutung bedarf es immer Wissen,

„über das der Deuter bereits verfügen muss. Deshalb gilt auch: Wer nichts weiß, kann nicht interpretieren, und derjenige, der wenig weiß, wird wenig explizit machen können" (Reichertz 2011: 14).

Allgemein gesprochen bedient sich die Hermeneutik für die Auslegung von Daten eines breiten Wissens, welches unter den folgenden Bedingungen zu Tragen kommt:

(a) ein vielfältiges Wissen von der (sozialen) Welt, (b) die Fähigkeit, sich vielfältiges Wissen noch während der Deutung anzueignen, (c) die Einsicht, dass die eigene Kultur nur eine Realisierung aller möglichen Kulturen ist und (d) die Erfahrung, zwischen verschiedenen Kulturen zu leben (marginal man). Interpreten, die ihre eigene Welt für die einzig sinnvolle Welt halten, werden bei der Deutung Anderer wenig Sinnvolles entdecken (Reichertz 2011: 15).

Erstellung eines Kategoriensystems

Der idealtypische Weg einer Erstellung eines Kategoriensystems nach der hermeneutischen Methodik in der Wissenssoziologie, unterteilt sich in einen Arbeitsprozess bestehend aus mehreren Phasen. Diese Phasen sind miteinander verbunden und fließen ineinander. In der Anfangsphase wird das digital fixierte audio– visuelle Datenmaterial in etwa folgender Weise für die Analyse aufbereitet. Wenn technisch möglich, sollte der Videoausschnitt immer als Ganzes zur Verfügung stehen (vgl. Reichertz 2011). Zunächst werden die einzelnen Bilder des Videos offen kodiert, um zu ermitteln, welche Kategorien und Elemente im Notationssystem erfasst werden sollen. Diese stellen in diesen Fall die Kategorien des Umgangs mit Fehlern dar. Anschließend wird ein sekundengenaues Protokoll der verschiedenen Einstellungen erhoben, sog. takes. Diese takes können ordinal in verschiedener Länge unterteilt sein, notwendig ist ein gemeinsamer Sinngehalt der in dem Videoausschnitt vorkommenden Inhaltsebenen. Durch die anschließende Sichtung der takes werden zusammenhängende Handlungszüge ermittelt (moves), welche die zentralen Analyseeinheiten darstellen. Diese Analyseeinheiten richten sich nach der Fragestellung des Projekts, in diesem Fall nach den mimetischen Prozessen im Tanz und dem Umgang mit Fehlern in Situationen der Wissensaneignung und –Vermittlung.

„Mit move ist dann eine relevante Bewegung im Spiel, im Handlungsgeschehen gemeint, also eine Bewegung, die im Abstimmungsprozess der Handelnden Bedeutung und Folgen hat" (Reichertz 2011: 15).

Ein *move* beinhaltet einen sinnhaften Zusammenhang, welcher zudem den weiteren Verlauf des Geschehens beeinflusst. In Bezug auf das zu sichtende Datenmaterial nimmt der Lehrstil der Tanzlehrer/in beispielsweise Einfluss auf den Unterrichtsverlauf und das Lehr– und Lernklima. Diese zu erstellenden „moves" sollen nun prägnante Unterrichtssituationen zeigen, in denen Formen einer positiven Fehlerkultur und Beispiele didaktischer Merkmale eines schülerzentrierten Lehrstils zeigen, welche zugleich auf mimetische Prozesse im Tanz unterstützend wirken. Parallel zu der Erstellung verschiedener *moves* wird *„eine Partitur allen wesentlichen, also alle handlungsrelevanten Teile und Elemente der Kamerahandlung in beschreibender und kodierter Form abgetragen"* (Reichertz 2011: 33). In der so entwickelten Gesamtpartitur des zu untersuchenden Videos werden somit bestimmte Relevanzkriterien sprachlich und auch zeichenhaft fixiert, welche mit der Forschungsfrage in einem hermeneutischen Prozess überprüft und gegebenenfalls weiterentwickelt werden. Als formalisiertes Protokoll der Beobachtung ist es ein Bezugspunkt für Deutungen und dient der Erstellung einer Sequenz für den wissenschaftlichen Akt, ganz im Sinne der hermeneutischen Wissenssoziologie. Dabei beinhalten die Sequenzen eine Filmpartitur, die der Beobachter gewählt und zur Interpretation herangezogen hat. Diese Interpretation kann unterschiedlich der Aufgabenstellung immer neu verschriftlicht und ergänzt werden (*theoretical sampling*), diskursiv und je nach Relevanzkriterium für den Betrachter.

„Die Erstellung einer Videopartitur ist also nicht nur ein Akt der Ummünzung des Bildlichen ins Sprachliche und Symbolische, sondern immer zugleich ein Akt der Ausdeutung" (Reichertz 2011: 33)

mit all seinen methodologischen und praxeologischen Schwierigkeiten. Grundlage der Deutung ist jedoch nicht nur die erstellte Partitur des Videos, sondern zugleich das Video als Ganzes. Die Beobachtungspartituren werden in einem gerichteten hermeneutischen Deutungsprozess so lange gedeutet und kodiert, *„bis am Ende eine Deutungsfigur ermittelt wird, die alle Elemente der Beobachtung des Videos und der Partitur zu einem bedeutungsvollen Ganzen integriert"* (Reichertz 2011: 34).

5.2.1. Aufbau und Ziele der Sequenzanalyse

Aufbau der Sequenzanalyse

Um implizites Wissen explizit zu machen bedarf es einem Wissen über den Hintergrund der jeweiligen Kultur und der Akteure. Mit Hilfe der Videoausschnitte kann damit ein scharfer Blick für die jeweilige Unterrichtskultur geschaffen und deren Bedeutungsinhalte für die jeweiligen Akteure erkennbar gemacht werden. Die vorliegende Sequenzanalyse ist unterteilt in fünf verschieden lange Sequenzen, die einen Rahmen zur Beschreibung des Umgangs mit Fehlern der Tanzlehrer bei der Wissensvermittlung und –Aneignung im Tanzunterricht aufzeigen sollten. Anhand einer konkreten Aufgabenstellung soll gezeigt werden, mit welchen Mitteln die Tanzlehrer versuchen performative Lernprozesse bei den Schülerinnen und Schülern zu erzeugen und versuchen zu unterstützen. Die erste Sequenz (**Startsignal, T: 18:04 – 18:16**) eröffnet die nun folgende Lerneinheit. Die zweite Sequenz (**positives Lernklima, T: 18:16 – 18:59**) stellt die Bewegung erklärend dar. In der dritten Sequenz (**Lernorientierung, T: 18:59 – 20:00**) wird die Übung vertiefend erklärt und aufgezeigt. Anschließen soll in der vierten Sequenz (**mimetische Prozesse, T: 20:00 – 21:14**) der Bezug auf die mimetischen Abläufe im Tanz hergestellt werden. Dabei vertiefen die Schüler/innen die Bewegungen durch individuelle Hilfestellungen und Korrekturen der Tanzlehrer in der Übungsphase. Sequenz fünf (**Abschlusssignal, T: 21:14 – 22:19**) schließt den Rahmen der Lerneinheit mit dem didaktischen Mittel des Klatschsignals, welches bereits in den Interviews von den Schüler/innen genannt wurde. Dabei beinhalten alle fünf Sequenzen eine neue Anforderung und Form der Wissensaneignung, worauf in der Analyse nicht eingegangen werden soll.

Ziel der Sequenzanalyse

Im Folgenden soll der Blick auf die Vermittlung von Wissen und dem Eingreifen der Tanzlehrer/in bei der Feststellung von Fehlern gerichtet werden. Dabei liegt der Fokus aus dem gegebenen Material und auf den Aspekt der Körpersprache und speziell auf dessen nonverbalen Kommunikationsformen. Die verbal unterstützte Form des Korrigierens der Tanzlehrer/in in einer spezifischen Situation des Lehrens und Lernens spielt in der Art und Weise des Lernklimas eine ebenso bedeutsame Rolle. Die Grundlage der Analyse bildet dabei das mitgeschnittene Videomaterial einer zufällig ausgewählten Tanzstunde in einer Klasse des Projekts TanzZeit–Zeit für Tanz in Schulen. Es handelt sich dabei um die identische Klasse und deren Schüler/innen, die auch an den Interviews teilgenommen haben. Die diagonale Gegenüberstellung zweier Kameras ermöglichte eine vollständige Sichtung aller Beteiligten im Tanzunterricht, ihrer Bewegungen und ihres Ausdrucks. Für die Videoanalyse wurde die Perspektive einer Kamera gewählt und der Fokus lag auf der Arbeit der Tanzlehrer/in. Die Grundlage der Sichtungsfokussierung der Videosequenzen bilden die aus der Interviewanalyse ermittelten Kategorien zum Umgang mit Fehlern bei der Wissensaneignung und –Vermittlung der Tanzlehrer. In weiterer Sequenzen ergab sich ein komparativer Vergleich während der Sichtung der Videos zwischen dem Umgang mit Störungen der Tanzlehrerin und der Klassenlehrerin.

Mit der Software PM2GO konnten die Videos auf einfache und übersichtliche Weise gesichtet und gleichzeitig annotiert werden. Damit gelang es die Vielzahl des Datenmaterials zu sichten und zwar

„nach bestimmten, empirisch und theoretisch sinnvoll erscheinenden Ordnungsgesichtspunkten, um so eine strukturierende Beschreibung des erhobenen Datenmaterials zu ermöglichen" (Mayring 2010: 24).

Die vorliegenden Ausschnitte der Videos wurden zu Beginn stumm gesichtet und analysiert. Die Konzentration lag auf der Körpersprache und Mimik sowie Gestik der Tanzlehrer/ in. Als Fokussierungseinheiten wurden die vorliegenden Kategorien der Interviewanalyse herangezogen. Ein besonderer Fokus lag auf der Fehlerkultur der Tanzlehrer/in und ein Vergleich zum Umgang mit Störungen mit der Klassenlehrerin. Später wurde in der Sichtung des Umgangs mit Störungen und dem Lehrstil der Tanzlehrer/in ebenso skripthaft auf die verbale Unterstützung während der Unterrichtseinheiten geachtet, um den Verlust der Kommunikationsinformationen so gering wie möglich zu halten.

5.2.2. Ergebnisse der Videoanalyse

Beschreibung der Untersuchungsgruppe

In dem zu untersuchenden Datenmaterial handelt es sich um einen Ausschnitt einer Tanzstunde mit einer insgesamten Länge von 37min und 20 Sekunden. Es nahmen 16 Kinder an der Tanzstunde teil, davon zehn Mädchen und sechs Jungen, sowie ein Junge der bei der ausgewählten Tanzstunde nur beobachtend teilnahm. Der Tanzlehrer A. und die Tanzlehrerin P. führten die Unterrichtseinheit. Die Klassenleiterin befand sich ebenso als offene und halb teilnehmende Beobachterin im Raum auf einer Bank. Die Tanzstunde fand in der Turnhalle der Schule statt und wurde von zwei sich in den Ecken gegenüberstehenden Kameras videographiert.

Die Folgenden fünf Sequenzen Rahmen eine Unterrichtseinheit zwischen der 18 Minute und vier Sekunden bis zur 22 Minute und 19 Sekunden. Im Folgenden soll anhand der einzelnen Sequenzen dargestellt werden, welche mimetischen Prozesse in den Tanzstunden als körperliche Aufführungen oder Inszenierungen begriffen werden können, indem die Schüler/innen in ihren Bewegungen Bezug auf andere Bewegungen nehmen. Diese mimetischen Lernprozesse sollen während einer konkreten Aufgabenstellung aufgezeigt werden. Des Weiteren soll untersucht werden, wie der Rahmen eines positiven Lehr– und Lernklimas mit geringer Fehlerangst und hoher Lernfreude von den Tanzlehrpersonen hergestellt wird.

Sequenzanalyse

1. Sequenz / Einleitung zur anschließenden Lerneinheit T: 18:04´ – 18:16´ (Startsignal)

Abbildung 3: „Stopp– und Startsignal" zur anschließenden Lerneinheit

Die Klasse befand sich zunächst in einer Probe der Choreographie. Diese wurde unterstützt mit Musik. Die Schüler/innen wurden unruhig und zunehmend unkonzentriert, was sich in Unterhaltungen und Fehlern in der Ausübung zeigte.

Der Tanzlehrer A. unterbricht die Proben, indem er die Musik abstellt und den Arm hebt, fordert die Schüler/innen auf, dort zu bleiben wo sie sind. Er nimmt einen weiteren Arm zur Hilfe und tritt präsent in den Raum. Dabei symbolisiert er geistige Konzentration durch körperliche Spannung und fordert Aufmerksamkeit für die kommenden Anweisungen ein. Die Blickrichtung ist den Schülerinnen zugewandt und die Arme angewinkelt in die Höhe gestreckt. Unterstützend fördert die verbale Handlungsanweisung mit den Aussprüchen: *„Passt auf, bleibt wo ihr seid". „Nicht weg, nicht weg, –bleibt –wo –ihr –seid"*. Diese Anweisungen werden verstärkt mit den Händen und den Bewegungen seines symbolhaften Stehenbleibens hervorgehoben. Das Ergebnis ist die Aufmerksamkeit für die anschließende Erklärung einer Teilübung der Choreographie.

Abbildung 4: Intervention der Klassenlehrerin

Diese Sequenzfolge gewinnt an Kontur, wenn sie kontrastiert wird mit der spezifischen Art und Weise, welchen Umgang mit Störungen die Klassenlehrerin pflegt. In der Minute **18:21** beginnt die Klassenlehrerin auf der Bank sitzend eine/n wohl unaufmerksame/n Schüler/in hektisch zu signalisieren, er/sie solle sich auf die Übung konzentrieren. Mit dem Wort „*Hey*" wendet sie sich dem/ der Schüler/in zu, richtet sich auf, klatscht in die Hände und sitzt starr dem/ der „Störenden" mit dem Blick zugewendet. Die Arme werden dabei angespannt mit den Handflächen nach vorne gestreckt, der Kopf duckend und es wird verstärkt eine aggressive Grundhaltung eingefordert. Mit Nachdruck wird diese Gestik wiederholt, der Blick wirkt dabei bedrohlich und anschließend wendet sich die Klassenlehrerin ohne weitere Interaktion von der Person ab, welche ca. 15 Meter entfernt steht und auf die gegenüberliegende Seite blickt. Die Klassenlehrperson zeigt hier gleich mehrere ungünstige körpersprachliche Verhaltensweisen, die einem positiven Lehr– und Lernklima mit geringer Fehlerangst und hoher Lernfreude im Wege stehen. Kontrastierend erzeugt die gewählte Gestik ein höheres Angstniveau bei den Schüler/inne/n, welches Einschüchterung, Scham sowie Angst als emotionale, negative Verstärker bei den Schüler/inne/n zur Folge haben kann. Wie bereits in den Schüler/innen– Interviews deutlich wurde, wird diese Form der autoritären Didaktik der Klassenlehrerin im Vergleich zu der einfühlsamen und respektierenden didaktischen Form der Tanzlehrpersonen nur wenig geschätzt.

2. Sequenz / Erklärung der Bewegung T: 18:16′ – 18:59′ (positives Lernklima)

Abbildung 6: Der Klassenlehrer erzeugt ein positives Lernklima

Der Tanzlehrer eröffnet, nachdem er um Aufmerksamkeit gebeten hat, die nächste Lerneinheit der Tanzstunde. Dabei wendet er sich den Schüler/inne/n zu und gibt der Tanzlehrerin nonverbal ein Signal, ebenfalls in den Raum zu treten. Dies deutet er durch eine einladende Geste, mit ausgestreckten leicht angewinkelten Armen an. Auf der gewünschten Position instruiert der Tanzlehrer den Schüler/inne/n verbal, unterstützend durch gestische Kommunikation, welche Bewegungen und Abläufe in der folgenden Lerneinheit gewünscht sind.

A: „Wenn ihr euch bitte konzentriert jetzt. Wenn ich jetzt hier im Raum bin, passt auf".

Die Konzentration und Fokussierung ist nun auf ihn gerichtet. Bevor die Teilchoreographie erklärt wird, zeigt A. auf, in welchem Teilabschnitt der Gesamtchoreographie die Schüler/inne/n sich mit dieser Übung befinden.

A: „Jetzt kommt diese Situation wo ihr euch im Raum verteilt und macht was ihr, denkt, und versteht, in diesem Duo. Ihr steht im Kreis".

Während dieser Instruktion unterstreicht A. alles Gesagte mit seinen Händen, gestisch und mimisch. Er gibt klare Anweisungen und zu verstehen, wie der Ablauf auszusehen hat.

A: „Aber vorher, ihr geht so am ähm, macht zwei Bewegungen erst einmal vorher".

Die zwei Tanzlehrer/in tauschen ihre Positionen und stellen sich zur Klasse gewendet auf.

A: „So ich bin da, mach so".

Nachdem A. die ersten beiden Schritte der Bewegung ausgeführt hat, bricht er die Bewegung wieder ab. Er läuft zur Ausgangssituation. Seine Schrittfolge während der Erklärung war falsch.

A: „Was hab ich gemacht? Nee"! (lachen)

Nach dem Abbruch und der lockeren Art des Tanzlehrers bezüglich seines Fehlers, schmunzeln die Tanzlehrerin, Klassenlehrerin und einige Schüler/innen. A. geht auf seine Grundposition zurück und startet erneut mit der Bewegung. Unter einer knappen verbalen Instruktion beginnt er die Bewegung, rennt einen Kreis und schließt die Übung und das Vortanzen ab, indem er an der Ausgangsposition endet. Während der Instruktion ist A. der Klasse zugewandt und artikuliert in einer offenen und emotional positiven Grundstimmung.

A: „Ihr macht so, und so, und weg. Und dann treffe ich meinen Partner".

Das positive Lernklima zielt auf die unterrichtliche Stimmung während der Fehlersituation und der Befindlichkeit des Schülers bzw. der Schülerin. Indem der Tanzlehrer zeigt, mit eigenen Fehlern offen und positiv umzugehen, bietet er eine grundlegende Eigenschaft für eine positive Fehlerkultur. Dabei gilt der Tanzlehrer authentisch ohne eine Farce dahingehend zu spielen, dass es keinen Kampf mit dem Falschen geben soll, sondern dass Spannungen im Zusammenhang mit Fehlern positiv gewendet werden können.

3. Sequenz / Vertiefung der Übung T: 18:59′ – 20:00′ <u>(Lernorientierung)</u>

Abbildung 7: Fehlerfreundlichkeit und Lernorientierung

Auf diese anschließende Sequenz der Lernorientierung folgt eine vertiefende Erklärung der einzelnen Schritte und im Ganzen der

Teilchoreographie. Die Schüler/innen beobachten die beiden Tanzlehrpersonen und versuchen die für sie schwierige Bewegung zu adaptieren und auszuführen. Vereinzelt werden Unverständnis und individuelle Schwierigkeiten beim Verstehen der Übung geäußert, welche Unzufriedenheit bei wenigen Schüler/innen hervorruft. Daher gibt es ein erneutes Erklären der eigentlichen Übung, zu zweit und vor der Klasse.

P: „Nach dem Domino"?

A: „Nach dem Domino. Die Musik ist aus und es kommt **diese** Bewegung"!

Die Klassenlehrerin ermahnt an gleicher Stelle zu Konzentration und Fokussierung auf die Tanzlehrer/in.

Kl: „Hey! Herschauen."

A. bewegt sich zurück zur Ausgangsposition und zeigt erneut auf, welche Bewegung nun gefordert wird.

A: „ Die Musik ist aus und es kommt **diese** Bewegung. Herschauen."

Beide Tanzlehrpersonen stellen sich gegenüber auf und zeigen die Übung mit verbaler Anleitung. Die Tanzlehrerin beginnt nun A. zu imitieren und führt das Gesagte auf um die geforderte Übung darzustellen.

A: „Ich dreh mich, Arme, Kreis und Sprung. Und dann Sprung nochmal und drehen. **Nur** diese Bewegung. Jetzt nochmal alle."

Gleichzeitig zum Vormachen beginnen vereinzelt Schüler/innen während der Erklärung die Bewegung auszuführen und zu inkorporieren. Des Weiteren bleiben die Schüler/innen stehen und äußern Nichtwissen: *„Ich check es nicht"*. Die Tanzlehrer reagieren darauf und fordern zum gleichzeitigen Mittanzen auf. Die Fokussierung liegt bei den Tanzlehrpersonen. Während der Übung interagiert die Klassenlehrerin mit einem Blick auf der Bank sitzend zu einem/einer Schüler/in und schnipst mit den Fingern. Kurz und ohne weitere Kommentare. Sie sitzt dabei am Rand auf der Bank und ist nicht im Mittelpunkt der zu erlernenden Bewegung. Davon unbeeinflusst machen die Tanzlehrpersonen weiter mit der Erklärung und wiederholen erneut die entscheidende Bewegung zusammen, vor der Klasse.

A: „Nochmal. So. Die Erste. Arme, ihr steht hier und macht so einen Kreis. Nur die Arme. So einen Kreis machen. **Hallo.** Weiter. So einen Kreis machen. Jetzt mit dem Sprung. Das linke Bein nach hinten und das Rechte bleibt vorn. Und dann mit dem Sprung. **ONE.** Wie **fliegen.**"

Als bildliche Metapher wird das Fliegen von den Schüler/innen imaginiert, welches die Bewegung verdeutlichen und versinnbildlichen soll. Die Schüler/innen imaginieren eine Form der Bewegung, unter der sich alle etwas vorstellen können

S: „Ah. Wie fliegen. Wow. Aluisio, so?"

Nachdem die Schüler/innen die Bewegung von beiden Tanzlehrpersonen adaptieren konnten, beginnen die Schüler/innen die Übung und Bewegung auszuführen, auf ihre Art. Im Moment des letzten Schrittes beider Tanzlehrer/in und deren Erklärung stimmen alle in die Übung ein und versuchen die Bewegung umzusetzen.

A: „Ja, genau. Wie fliegen nach hinten. Genau so."

S: „ Aluisio. Aluisio. So?"

4. Sequenz / individuelle Hilfestellung T: 20:00′ – 21:14′ (mimetische Prozesse)

Abbildung 8: Mimetische Prozesse im Tanz

In dieser Phase nach der Erklärung imitieren die Schüler/innen die Tanzlehrer/in und holen sich unterstützende Bemerkungen durch nachfragen. Die Schüler/innen orientieren sich dabei auch visuell an den Partner/innen welche neben ihnen stehen.

A: „Ja genau, mit Schwung. Zusammen. Genau."

Die Bewegungen werden ausgeführt und wiederholt. Beide Tanzlehrpersonen unterstützen dabei abwechselnd einen Teil der Klasse und gehen auf individuelle Rückfragen ein. In ihrem proxemischem Ausdruck, also dem Verhalten in Bewegung und Raum, kreieren die Schüler/innen dabei Neues, der Originalbewegung ähnlichem. Aluisio sowie Patricia stehen jeweils einem Teil der Klasse gegenüber und beobachten die Schüler/innen bei ihren Bewegungen. Abwechselnde Ausrufe und unterstützende Bemerkungen wie *„Ja! Genau! Super. Ja."* Und weitere positive Verstärker fördern dabei das Verhalten der Schüler/innen, den Tanzlehrpersonen imponieren zu wollen.

A: „Ja, ja, super. Genau."

Während der Übung interagiert die Klassenlehrerin mit vereinzelten Zurufen von der Bank aus, in distanzierter Art und Weise. Sie steht am Rand des Geschehens, die Hände in den Hüften steif und versucht lenkend in die Aufmerksamkeit der einzelnen Schüler/innen zu erhöhen. Obwohl die Tanzlehrerin gerade in der Nähe ist, ruft sie einen Schüler (Phillip) welcher gerade etwas anderes zu machen scheint. Anschließend zeigt sie mit dem Zeigefinger und gestrecktem Arm über den ganzen Raum der Turnhalle in seine Richtung. (20:24′)

Kl: „Phillip, da mach mal."

Mit dieser kurzen Bemerkung und dem Fingerzeig auf die Übung wendet sie sich wieder vom Schüler ab und beobachtet das Geschehen auf der anderen Seite des Klassenraumes.

Im Gegensatz zu diesem Verhalten bewegen sich die Tanzlehrpersonen bei fehlerhaften Ausführungen oder kleineren Korrekturen hin zu den Schüler/innen und versuchen mit den Bewegungen und Geduld einen Lernerfolg zu erzielen.

In dieser Phase der Anähnlichung an die vorausgehende Bewegung steht Aluisio präsent im Mittelpunkt der Turnhalle. Die Beine sind durchgestreckt, der Oberkörper gerade und dabei wendet er sich jedem/jeder Schüler/in einzeln zu. Bei jedem einzelnen, bei dem die Bewegungen der vorausgehenden Bewegung ähneln gibt er mit *„Ja, genau, super, sehr schön, ja"* abwechselnd eine positive Verstärkung für die richtige Ausführung. Dabei zeigt er vereinzelt auf die Schüler/in mit dem Arm oder zeigt mit dem Daumen nach oben. Zudem wippt Aluisio mit dem Oberkörper nach vorne, bis auf die Höhe der Schüler/innen. Es entstehen emphatische Interaktionen in denen die einzelnen Schüler seinen Namen rufen und eine Bestätigung oder Korrektur wünschen (*„Aluisio, So?"*). Beim letzten Schüler passt die Ausführung noch nicht der gewünschten und daraufhin läuft Aluisio aus dem Mittelkreis heraus und wendet sich dem Schüler zu.

A: „Tobi, schau mal genau."

In Minute 20:30′ geht Aluisio zu Tobi und versucht individuell mit ihm die Teilbewegung einzuüben. Der Tanzlehrer nimmt die Arme des Schülers und beginnt sie nach vorne zu bewegen. Dabei steht er hinter dem Schüler und unterstützt die Form der Ausführung mit verbaler Instruktion.

A: „Ja genau, jetzt ist besser. Aber die Beine gestreckt nach hinten. Beine gestreckt lassen dabei. Genau. Ja."

Der Schüler führt die Bewegung noch einmal schnell aus und bewegt sich dabei auf die andere Seite der Turnhalle. Aluisio wendet sich wieder den restlichen Schüler/innen zu nachdem er für seine Empfindungen dem Schüler genügend geholfen hat.

Die Klassenlehrerin bemerkt das schnelle Laufen des Schülers, welcher währenddessen die gewünschte Bewegung ausführt und ermahnt ihn in seinem Verhalten.

Kl: „Tobi!"

Kl: „Tobi, kannst du es mal konzentriert versuchen."

Diese Aufforderung der Klassenlehrerin bemerkt die Tanzlehrerin kommentarlos, wirft dabei ihre Socken entnervt in Richtung der Bank und wendet sich wieder zurück zu der Lerngruppe in der hinteren Ecke der Turnhalle, in der auch Tobi ist. Mit einer neutralen Ansprache an *„Tobi. Schau mal."* stellt sie sich zwischen ihn und einem weiteren Schüler und führt die Bewegung spielerisch mit beiden Schülern aus. Dies wird wiederholt und beide Schüler haben die Bewegung inkorporiert. Währenddessen versuchen die restlichen Schüler/innen in mimetische Prozessen den Verlauf der repetitiven Angleichung an die Tanzeinheit zu erfüllen.

5. Sequenz / abschließendes Partnertanzen und Klatschsignal T: 21:14´ – 22:19´ (Abschlusssignal)

Abbildung 9: Klatschen als Abschlusssignal der Lerneinheit

A: „So dann kommt da noch diese. Nach dieser, kommt noch diese Bewegung. Folgt eine Drehung zur Seite. Schritt und so ein Sprung noch."

Die vorherigen Tanzschritte werden ausgeführt und nun kommt eine letzte Ebene der Bewegung hinzu, bei der die Schüler/innen eine seitliche Drehung vollziehen sollen.

A: „Seitlich Sprung. Seitlich Sprung."

A. tanzte dies vor und zeigt anschließend auf eine Schülerin, welche die Bewegung gleichzeitig richtig ausgeführt hat mit den Worten, genau, so ist es richtig. Die Mehrheit der Schüler/innen hat diese Bewegung sofort inkorporiert und probt anschließend paarweise zusammen, nach der Aufforderung Aluisio´s.

A: „Genau. Ja sehr schön. Ja top. Super. Sehr schön."

A: „Dann geht mal beide zusammen. Jetzt, beide zusammen."

In dieser Phase der Übungseinheit adaptieren die Schüler/innen die Auslegung der Bewegung der anderen in ihrer paarweisen Gegenüberstellung. Zu sehen ist dabei, dass die Schüler/innen sich somit auf ihre Partner oder Gruppenmitglieder bei der Art der Bewegungsausführung orientieren können. Die Bewegung wird dadurch flüssiger und fehlerfrei angenommen. Aluisio ist unterdessen weiterhin für individuelle Hilfen verfügbar.

Zur gleichen Zeit erklärt die Tanzlehrerin einer Jungengruppe die letzten Schritte, die geringe Schwierigkeiten bei der Umsetzung hat und außerdem die Aufmerksamkeit nur schwer halten kann.

P: „Macht mal mit mir mit. Ja aber noch weiter üben. Mach mal mit."

Die Schwierigkeiten lassen sich nicht ganz abstellen, sodass ein Schüler bis zum Ende der Übungseinheit dieser emotional reagiert und darauf verweist es nicht zu können.

S: „Ich kann das nicht. Aluisio. Ich kann das nicht."

Dieser ist gerade bei einer Schülerin um ihr die letzten Schritte zu zeigen bis sie es verstanden hat.

A: „Ja genau, seitlich, ja super. Ja sehr schön."

Zum Abschluss der Einheit klatscht Aluisio in beide Hände und warte auf ein gemeinsames Klatschen der Schüler/innen in einem speziellen Rhythmus. Dies ist das Zeichen für alle die Aufmerksamkeit wieder auf den Tanzlehrpersonen zu richten und das Sprechen einzustellen.

A: „OK!" [Klatscht in beide Hände und die Schüler/innen ebenfalls]

Diese Methode wurde bereits in den Interviews von den Schüler/innen als hilfreich eingeschätzt und als positiv empfunden. Die Lerneinheit für die spezielle Übung ist damit beendet und wird in die Gesamtchoreographie eingebaut.

Zusammenfassung

Bei der Betrachtung der Rahmenbedingungen für mimetische Lehr– und Lernprozesse im Tanzunterricht und der Fokussierung auf den Umgang mit Fehlern bei der Wissensaneignung und –Vermittlung konnte ein mehrdimensionales Konzept aus verschiedenen bedeutsamen Einflussfaktoren eruiert werden. Den Rahmen der Lerneinheit stellte dabei ein *Startsignal* des Stopps dar, worauf hin ein *positives Lernklima* versucht wurde zu erzeugen.

Anschließend folgte die Erklärung der Übung in der *Lernorientierung*sphase und darauf überleitend folgte die Phase der *mimetischen Prozesse* als Übungsphase. Phasen des spezifischen Umgangs mit Fehlern durchziehen jede Phase performativ. Den Rahmen schließt das Klatschen am Ende der Lerneinheit als *Abschlusssignal*.

Das *Startsignal* (T: 18:04′ – 18:16′) der Tanzlehrperson leitet die nun folgende Lerneinheit und Teilchoreographie der Unterrichtsstunde mit einer symbolhaften Geste ein. Indem der Tanzlehrer in den Raum tritt, die Arme hebt und den Schüler/inne/n signalisiert, ihre jeweilige Position nicht zu verlassen. Unterstützt wird der Wunsch nach Aufmerksamkeit mit ruhigen und klaren Worten wie „*Passt auf. Bleibt wo ihr seid.*" In dieser Sequenz ist der komparative Kontrast zwischen dem Tanzlehrer und der Klassenlehrerin in der nonverbalen Kommunikation besonders interessant. Beide verfolgen Selbiges mit ihren Aktionen doch handeln in ihren körpersprachlichen Botschaften in einer emotionalen Dimension verschieden, sodass der Kontrast als zum einen fördernd und im Fall der Klassenlehrerin als hindernd festgeschrieben werden kann. Die Lehrperson sitzt dabei weit entfernt von der „Fehlerperson", klatscht in die Hände, ruft ein unpersönliches „*Hey*" und gestikuliert mit ihren Armen zwei schnelle und harte Bewegungen. Bei den Schüler/inne/n brennen sich durch dieses autoritäre Verhalten nur negative Erfahrungen ein. Die Klassenlehrerin erreicht durch ihr Verhalten nur Unterordnung und Gehorsam welche weitere Lernerfolge verhindert. Dies wird verstärkt durch ein gleichzeitiges Abwenden von der betreffenden Person, womit Gleichgültigkeit bzw. Enttäuschung symbolisiert wird. Dazu vergleichend steht der Tanzlehrer vor der Klasse und versucht mit ruhiger Stimme auf die Notwendigkeit der Konzentration und Aufmerksamkeit für die nachfolgende Lerneinheit zu verweisen. Dabei ordnet er die Lerneinheit in einem Kontext der Gesamtchoreographie ein und dirigiert die folgenden Übungen.

In der zweiten Sequenz (T: 18:16′ – 18:59′) lag der Fokus auf dem *Lernklima*, welches von den Lehrpersonen positiv gestaltet werden sollte. Dabei konnte beobachtet werden, dass der Tanzlehrer offen und selbstbewusst mit den eigenen Fehlern umging, humorvoll diese korrigierte und Fehler dabei als Möglichkeit zur weiteren Lernchance zu nutzen versuchte. Seine Körpersprache und non-verbale Kommunikation blieb in den Situationen den Schüler/inne/n zugewendet, präsent und konzentriert auf die folgenden Lerneinheiten. Der kreative und lustvolle Umgang mit Fehlern erzeugte eine offene und angenehme Arbeitsatmosphäre, bei der dennoch Fehler ernst genommen und korrigiert wurden. Fehler sollten dabei jedoch nicht verherrlicht oder romantisiert werden.

Die Analyse der dritten Sequenz *Lernorientierung (*T: 18:59' – 20:00') ergab die Fokussierung auf die Bewegung, gestützt durch individuelle Hilfestellung, offener Kommunikation und positiven Verstärkern. Die Lehrperson steht im direkten Blickkontakt mit den Schulkindern, gestikuliert in einer offenen und entspannten Art der Kommunikation und spricht mit ruhiger Stimme. Dabei werden positive Emotionen und Ausrufe wie „*Super, ja, genau, richtig, sehr schön*" verwendet, um die Teilerfolge zu verfestigen und durch eine emotionale Bindung zu den Schüler/innen Lernerfolge und Wissen zu generieren und zu sichern. Durch das repetitive Vormachen der einzelnen Bewegung wird den Schüler/inne/n mehrmals die Möglichkeit gegeben, die Übung durch Lernen am Model zu verinnerlichen. Dabei gehörten auch negative Emotionen zum späteren Lernerfolg, wie einige Schüler während der Lernphase mit den Worten „*Ich check's nicht*" äußerten. Die Lehrperson war dabei bereit und fähig, sich in den Denkprozess der Schüler/in zu versetzen und daran anzuknüpfen.

Das Lernklima und die Lernorientierung können als Fehlerkultur im Unterricht subsumiert werden, die einen konstruktiven Umgang mit Fehlern ermöglichen. Oser & Spychiger (ebd.) fanden respektive der Fehlerkultur im Unterricht ähnliche Ergebnisse als grundlegende Dimensionen die einen guten Umgangs mit Fehlern im Unterricht sicherstellen. Ein hohes Ausmaß an positivem Lernklima und ein hohes Ausmaß an Lernorientierung führen zu einer konstruktiven Hinwendung zum Fehler und dessen Korrektur. In einer positiven Grundstimmung dürfen und sollen Schülerinnen und Schüler Fehler machen und sollten dabei nicht ignoriert oder übersprungen werden. „*Erst dann kann das Fehlermachen sein Potenzial zur Wissenserweiterung, zum offenen und kritischen Problemlöseverhalten und zur Generierung von negativen Wissen entfalten*" (Oser & Spychiger 2005: 168).

In der vierten Sequenz zeigten sich speziell die **mimetischen Prozesse (*T: 20:00' – 21:14')** im Tanz, welche sich selbstverständlich in der gesamten Phase des Tanzunterrichts ebenfalls unbewusst vollzogen. Diese spezielle Phase der Übung und Aneignung der Bewegung konnte sich aufgrund der positiv gestalteten Rahmenbedingung der Fehlerkultur entfalten. Damit entstand ein Zwischenraum, zwischen Wissen und Subjekt, in dem die Schüler/innen versuchten, durch mehrmaliges Wiederholen die Schritte auszuführen und der optimalen Bewegung anzupassen. Die Tanzlehrpersonen nahmen dabei Bezug auf die Schüler/innen und in interaktiven agieren wurden Abdrücke beider Seiten einbezogen und verändert. Dieser wechselseitige Austausch manifestierte sich in einer offenen Lernkultur und formte und erfasste Welt wie Subjekt. In der Bewegung des Tanzes ist daher ein verbindendes Medium zwischen beiden Welten der Schüler/innen wie die der

Tanzlehrpersonen gegeben, die beide Seiten miteinander verschränkt und zu einer Gemeinschaft werden lässt.

Diese Beobachtungen decken sich mit den Ergebnissen aus mehreren Forschungsschwerpunkten Wulfs (2005).

> In anthropologischer Hinsicht ist der menschliche Körper durch eine minimale Instinktausstattung und eine daraus resultierende Offenheit und Plastizität gekennzeichnet, (...) dass sich Menschen mit Hilfe von Bewegungen, Aktivitäten und Handlungen gestalten und selbst hervorbringen (Wulf 2005: 78).

Mit Hilfe dieser Tätigkeiten können sie die in ihnen nahegelegten Möglichkeiten entwickeln, zu denen motorische und sinnliche Fähigkeiten sowie Empfindungen und Gefühle gehören. Sie erwerben Verhaltensformen und gestalten sie in Eigentätigkeit. Wie sie dies tun, ist sehr unterschiedlich. Was sie jedoch verbindet sind die körperlichen Anteile, welche sich zwischen dem Einzelnen und dessen Umwelt performativ vollzieht. Diese Aktivitäten beschreiben die wichtigsten Merkmale mimetischer Prozesse (vgl. Wulf 2005).

Die letzte Sequenz der Analyse, das *Abschlusssignal (T: 21:14' – 22:19')*, schließt den Rahmen der Lerneinheit. Zur Vertiefung der Lerneinheit wird den Schüler/innen die Möglichkeit gegeben, zu zweit die Bewegung auszuführen und mit dem/der Partner/in die letzten Schwierigkeiten gemeinsam zu beheben. Beide Tanzlehrpersonen stehen dabei für individuelle Fragen bereit und unterstützen die Schüler/innen bei der Ausführung der Bewegung. In dieser Phase wird erneut speziell und intensiv die Übung für Schüler/innen, welche Hilfe benötigen, vorgetanzt und verbal erläutert. Schwierigkeiten bei der Umsetzung werden mit Ruhe und Ausdauer behoben. Die Tanzlehrpersonen achten dabei auf eine positive Fehlerkultur, in der körpersprachliche und nonverbale Kommunikationsformen einen hohen Stellenwert einnehmen. Beide Tanzlehrpersonen wenden sich den Schüler/inne/n zu und unterstützen sie in der Ausführung der Übung. Durch die Präsenz und die Bereitstellung individueller Unterstützung wird Vertrautheit und Offenheit der Lehrpersonen signalisiert, zudem auch Oser & Spychiger (ebd.) bereits vertiefende Untersuchungen unternahmen. Sie fanden heraus, dass körpersprachliche Botschaften sehr ernst genommen werden und in ihrer Ausführung eine starke Wirkung implizieren, *„insbesondere Kinder interpretieren die körpersprachliche Botschaft der sprachlichen übergeordnet"* (Oser & Spychiger 2005: 171).

Das abschließende Klatschsignal, bei der Aluisio ein lautes, rhythmisches siebenfaches Klatschen vormacht beendet die Übung. Alle anderen Schüler/innen klatschen im vorgegebenen Rhythmus zwei mal in die Hände und signalisieren damit Konzentration. Die Schüler/innen kontrollieren sich dabei gegenseitig nach ihrer Aufmerksamkeit und Konzentration für den nächsten Teil der Unterrichtsphase. Der Rahmen der Lerneinheit, welcher durch die hebende Hand eingeleitet wurde, wird mithilfe des Klatschens von der Tanzlehrperson geschlossen und eine neue Aufgabenstellung zugleich eingeleitet.

6. Ergebnisse

Aufgrund der Vielfältigkeit der Ergebnisse und der voneinander untrennbaren Art der Analyse, wurden anhand einer Methodentriangulation bestehend aus Interviews mit den Teilnehmer/innen und videogestützter Beobachtung die Wirkungen und Effekte des Tanzprojekts rekonstruiert. Das auf Grundlage der Interviews erstellte Kategoriensystem bezüglich eines positiven Umgangs mit Fehlern im Unterricht, war zugleich hilfreich für die darauffolgende Videoanalyse und deren Sichtstrukturen. In einem hermeneutischen qualitativen Analyseverfahren entspricht das nun Folgende den Inhalten meiner wissenschaftlichen Befunde.

6.1. Rahmenbedingungen einer positiven Fehlerkultur

Wie aus den Schüler/innen– Interviews und aus der Videoanalyse ersichtlich wurde, konnte der Tanzunterricht den Beteiligten neue Impulse in ihrer eigenen Persönlichkeitsentwicklung wecken und den sozialen Umgang mit ihren Mitschüler/inne/n positiv und nachhaltig verändern. Anhand der qualitativen Untersuchung zeigten sich wahrgenommene soziale, persönliche und körperliche Veränderungen aufgrund der gemachten Erfahrungen, hinsichtlich des Körper– und Selbstbewusstseins der Schüler/innen.

Ein guter Umgang mit Fehlern der Tanzlehrer/in beinhaltet im Wesentlichen pädagogische Grundsätze des Lehrens im Hinblick auf ein Lernziel und einem im Unterricht erzeugten positiven Lernklimas. Idealerweise setzt sich eine positive Fehlerkultur aus den Dimensionen eines geringen Maßes an Fehlerangst und eines hohen Maßes an Fehlerlernorientierung und Fehlerfreundlichkeit zusammen. Des Weiteren ist eine klare Strukturierung der Lerneinheit durch ein Start– und Abschlusssymbol in Form einer Geste oder verbalen Form der Kommunikation entscheidend.

Bei aufkommenden Störungen im Unterricht empfanden die Schüler/innen es hilfreich und wünschenswert, wenn die Tanzlehrperson bestimmend und autoritär auftrat, dies dabei nonverbal in Form eines Klatschens oder einer kurzen Auszeit für die betreffende Person signalisierte, um den weiteren Unterrichtsverlauf für die anderen Schüler/innen nicht zu unterbrechen. Dies geschah jedoch nur als letzte Intervention bei aufkommenden Streitigkeiten oder starker Unkonzentriertheit.

Der von den Schüler/innen beschriebene *demokratisch– partizipative* Lehrstil der Tanzlehrperson ermöglichte ein aktives Mitwirken an der Gestaltung der Unterrichtseinheit und ein selbstverantwortungsvolles Arbeiten an neuen Ideen auf Seiten der Schüler/innen. Es hat sich gezeigt, dass die Tanzlehrpersonen für das Erfahrbarmachen positiver Erlebnisse einen pädagogischen Rahmen bestehend aus *Vertrauen, Geduld und Empathie* konzipieren sollten. Dies wurde von den Schüler/innen als ein entscheidender Beitrag für eine positive Fehlerkultur im Tanzunterricht genannt.

Die allgemeine Signalisierung von *Gleichbehandlung, Fairness* und *Hilfsbereitschaft* ermöglichte Schüler/innen eine konzentrierte und angstfreie Zuwendung ihrer eigenen Schwächen. Die Tanzlehrpersonen wiesen in einer *spielerisch- motivierenden* Art und Weise auf Fehler hin und sorgten für eine gleichzeitige Bearbeitung dieser. Eine potentielle unterschwellige Fehlerangst, der Angst vor dem Fehler– Machen oder –Begehen während des Unterrichts, konnte bei den Schüler/inne/n nicht beobachtet werden. Vielmehr zeigte sich, dass in den vertiefenden Übungsphasen die Schüler/innen versuchten den Tanzlehrpersonen zu imponieren und sie um Ratschläge und Korrekturen baten. Kontrastierend zeigte sich in Bezug auf die Fehlerangst bei den Schüler/innen eine gehemmte Bewegungsausführung vor der Klassenlehrerin. Während der Sichtung der Sequenzanalyse wurde in wenigen Beispielen deutlich, dass die Klassenlehrperson gleich mehrere ungünstige körpersprachliche Verhaltensweisen in ihrer Performativität zeigte, die einem positiven Lehr– und Lernklima gekennzeichnet durch geringe Fehlerangst und hohe Lernfreude im Weg stehen.

Im Gegensatz zu der gewählten Gestik der Tanzlehrpersonen erzeugte die der Klassenlehrerin ein höheres Angstniveau bei den Schüler/inne/n. Dies hatte Einschüchterung, Scham sowie Angst als emotionale, negative (unproduktive) Beschämer (vgl. Oser & Spychiger 2005) bei den Schüler/inne/n als Erfahrung zur Folge. Indem die Klassenlehrerin in der ersten Sequenz wie auch in der vierten Sequenz den betroffenen Schüler/innen öffentlich signalisierte, dass *„sie einem eigenen Anspruch im Lichte einer wahrgenommenen sozialen Norm nicht gerecht werden"* (Oser & Spychiger 2005: 76). Diese soziale Norm wurde von der Klassenlehrerin festgelegt und in drastischer und aggressiver Gestik zum Ausdruck gebracht, welche sich auf der Grundlage eines Vergleiches abgrenzt von dem Lehrstil der Tanzlehrperson. Diese kurze Intervention der Klassenlehrperson als weitere Interaktionsfigur, erzeugt neue Dynamiken und kann ungeahnte Konsequenzen beinhalten, wie Oser & Spychiger (ebd.) feststellten. Dabei zeigte sich, dass die dadurch ausgelöste Emotion Scham eine Erfahrung von Negativem Wissen bezeichnet, welches, *„durch Bedauern, durch Furcht vor*

Ausgeliefertwerden im Öffentlichen, durch Furcht vor Ausgeschlossenwerden und durch Schädigung des Selbs– Images erfasst werden kann" (Oser & Spychiger 2005: 77). Eine solche Bedrohung des Selbstkonzepts durch den gezeigten Lehrstil der Klassenlehrperson steht daher oppositionell zu der gewünschten Fehlerkultur im Unterricht. Diese Meinung bestätigten auch die Schüler/innen– Interviews. Bei der vergleichenden Frage nach den unterschiedlichen Lehrstilen gab eine Mehrheit der Schüler/innen an, Sie präferieren den Lehrstil der Tanzlehrer/in.

Eine grundsätzliche Gesprächsbereitschaft der Tanzlehrpersonen ermöglichte eine Ebene der Gleichberechtigung, in der die Schülerinnen und Schüler ein Gefühl der Mitbestimmung und Mitgestaltung bekamen, zu deren selbstverantwortliche Mitgestaltung sie aufgerufen wurden. Damit einhergehend war eine Verbesserung der Interaktion der Mitschüler/innen untereinander zu beobachten, in denen die Schüler/innen sich gegenseitig unterstützten, um die vorgegebenen Bewegungen zu adaptierten. Die kontrollierte Fehlerreaktion der Tanzlehrperson, erzeugte somit auch eine kontrollierte und rücksichtsvolle Fehlerreaktion der Mitschüler/innen und eine erhöhte Hilfsbereitschaft im Hinblick eines Gruppengedankens. Diese Beobachtungen decken sich auch mit den Erkenntnissen von Oser & Spychiger (ebd.). In ihren Grunddimensionen und Leitsätzen des guten Umgangs mit Fehlern im Unterricht stellen sie des Weiteren fest, dass hemmende Emotionen wie Scham, Angst und Schuld vermieden werden müssen, um einen natürlichen Umgang mit Fehlern und negativen Emotionen zu gewährleisten und zu stärken.

Partizipativ– demokratische Teilhabe am Unterrichtsgeschehen unterstützt das Interesse und die Lernbereitschaft der Unterrichtsteilnehmer/innen. Indem die Lehrperson einzeln auf individuelle Fehler und Korrekturen eingeht, wird ein Gefühl der Individualität und des Vertrauens geschaffen. Bei gleichzeitiger Offenheit für Fehlerkorrekturen und Wiederholungsmöglichkeiten, werden Fehler aufgezeigt und korrigiert (vgl. Oser & Spychiger ebd.). Dabei wird die Fehlersituation genutzt um in einem offenen Austausch individuell oder in der Klasse ein Lernen durch Einsicht und aus Erfahrung zu ermöglichen. Im Zentrum dieser Lernerfahrungen stehen sowohl kognitive motivationale Faktoren, wie auch affektive und soziale Merkmale der Schülerpersönlichkeit, welche die aktuellen und zukünftigen Lernerfahrungen prägen. Bei der Sichtung der Unterrichtssequenzen wurde deutlich, dass bei den Tanzlehrpersonen ein hohes Maß an Fehlerlernorientierung notwendig sei, um einen erfolgreichen Umgang mit Fehlern zu ermöglichen. Vor diesem konkreten Hintergrund wird auch deutlich, dass die Dimension des Unterrichtklimas der Lernorientierung in der Regel vorgeordnet ist. Sie ist die Voraussetzung, um aus Fehlern zu lernen. Deshalb wird bei der Messung von

Fehlerkultur, die Kombination „*Klimadimension erfüllt, Lernorientierung nicht erfüllt*" als weniger fehlerkulturfeindlich eingestuft als die Kombination „*Klimadimension nicht erfüllt, Lernorientierung erfüllt*" (Oser & Spychiger 2005:173).

Die körpersprachlichen Botschaften werden gegenüber den sprachlichen vermehrt unbewusst verarbeitet und sind somit auch stärker verantwortlich für die emotionale und damit die klimatische Dimension der Qualität von Fehlersituationen. Fehlerkultur bedeutet in diesem Sinne: Die körpersprachliche Ebene nutzen, um Vertrauen zu geben statt zu verunsichern. Die Fehlerrückmeldung wird von den Schülerinnen und Schülern umso besser angenommen, je positiver die Beziehung zur Lehrperson ist und je sicherer sie sich in der Klassengemeinschaft fühlen. Mit einem freundlichen Lächeln nach einer sehr kritischen Äußerung kann z.B. ausgedrückt werden: Wir sind zwar gerade am Argumentieren und sind nicht gleicher Meinung, aber unsere Beziehung ist dadurch nicht in Frage gestellt. Gestische Momente wie ein Blickkontakt, ein leichtes Nicken oder eine freundliche Stimme, können Ähnliches ausdrücken.

Die beschriebenen Lerneffekte richteten sich auf das individuelle Durchhaltevermögen und auf Erfahrungen von Selbstwirksamkeit bei den Schüler/innen als Erkenntnis, etwas erreichen zu können, wenn man es möchte. Für viele der Befragten galt einer der entscheidendsten Lerneffekte nicht aufzugeben und weiter zu machen, wenn eine Situation herausfordernd und zunächst unlösbar erscheint. Der Tanzunterricht bot den Schüler/innen die Erfahrung, etwas Neuen und Unbekannten zu begegnen und sich mit einer Herausforderung konfrontiert zu sehen. Diesem Erlernen einer neuen Bewegung, neuer Tanzschritte und für manche auch das Überwinden einer inneren Barriere, ermöglichten für die Mehrheit der Teilnehmer/innen in ihrer Projektbeschreibung eine positive bis euphorische Erfahrung, die sie gern wiederholen würden. Die Entdeckung eigener Stärken und Schwächen stand im Zentrum dieser Erfahrungen, an denen sie bis zu der Absolvierung der Choreographie in einem Lernprozess arbeiten konnten. Dabei konnten anschließende Reifungsprozesse bei Schüler/innen beobachtet werden, welche sich in der Zeit der Auseinandersetzung mit sich gebildet hatten. Sie werden die gemachten Erkenntnisse im besten Fall auf ihrem weiteren Weg alltagsweltlich in neue Energie für Herausforderungen überführen können, sei es in Form weiterer Schwierigkeiten in der Schule, im Umgang mit Freunden oder in Interaktionen mit der Familie und damit nachhaltige Impulse im Erwachsenenwerden erreichen. Als kritische Stimme soll erwähnt werden, dass die Selbstwerdung des Subjekts und deren Individualisierung nur erreicht werden kann, wenn das Subjekt die Wissensvermittlung als aktiven Teil versteht (vgl. Volkers 2008) und die Potentiale und Möglichkeiten für Lehr–

und Lernprozesse wünscht und zulässt. Folglich sind die Fördermöglichkeiten in Lehr– und Lernprozessen beschränkt und können durch positive Rahmenbedingungen Entwicklungsmöglichkeiten schaffen, welche aber in aktiver Form der Schüler/innen auch genutzt werden müssen.

6.2 Eine Choreographie fliegend erlernen

Die Form der Weltaneignung und Subjektkonstitution entsteht in besonderer Sicht durch Ereignisse und Szenen in der Kindheit und der inneren Reproduktion der eigenen Imaginationsfähigkeit des Menschen. Bilder, Szenen, Räume und Wege werden abgebildet und können in der Retrospektive durch Sprache, Ausdruck und Bewegung verbalisiert und verbildlicht werden. Indem das Kind seine Welt mimetisch exploriert, stellt es Ähnlichkeiten zwischen sich und der Außenwelt her (vgl. Wulf 2005).

In der Teilchoreographie die es in den Sequenzen 2–5 zu verinnerlichen galt, sollten die Schüler/innen die Arme nach vorn kreisen, mit dem rechten Bein nach hinten springen und das linke Bein dabei gestreckt halten. Nachdem Sprung nach hinten und der Landung auf dem linken Bein, folgte ein weiterer Schritt nach hinten und eine anschließende Drehung um die eigene Achse um 180 Grad. Die Arme sollten dabei seitlich vom Körper abstehen. Anschließend sollten die Schüler/innen in einem großen Bogen sich schnell von dieser Position entfernen und zu ihrer/m Partner/in laufen, die/ der bereits an einer anderen Stelle des Klassenraums auf ihn/sie wartete.

In dieser Lerneinheit galt es, die Bewegung anhand der verbalen und nonverbalen Anleitung der Tanzlehrpersonen imaginär zu verinnerlichen. Die Schüler/innen mussten sich teilweise spiegelverkehrt die Bewegung zur Position der Tanzlehrpersonen im Klassenraum vorstellen und nachzuempfinden wie auch nachzuahmen. Dabei bezogen sich die Schüler/innen auf ihr Vorbild A., dem sie mit einer gekonnten und fehlerfreien Ausführung der Bewegung zu imponieren versuchten. Durch die zu Beginn eruierte Plastizität der Körper bekam die Aufführung eine Art Materialität, die sich auch mit dem dritten Punkt der Definition von Mimesis, nach der Mimesis „Die Nachschaffung eines Bildes oder eines Bildes einer Person oder einer Sache in materieller Form" (Wulf 2005: 23f.) bedeutet. Die Kreation der Idee gelang der Tanzlehrperson in der vorgegebenen Lerneinheit, indem er die Bewegung metaphorisch mit der Idee des „Fliegens" verbalisierte. Das Kind sollte die Arme heben und nach hinten springen womit es in diesem Prozess eine Bewegung schafft, die dem fliegen ähnelt. Das Kind „liest" die Welt und „schafft" in diesem Prozess Ähnlichkeiten. Es begreift, wie der Körper sich transformieren lässt, bspw. in ein Flugzeug und erfährt etwas von der Macht der Natur, dem Verhältnis von Mensch und Maschine, und vielmehr von der Fähigkeit des Menschen, dies zu erfassen und menschliche Produktivität herzustellen. Im mimetischen Akt der Verwandlung zum „Flugzeug" erlebt das Kind im Tanz seine Möglichkeiten Macht über die Natur auszuüben und dabei den eigenen Körper als Medium zu nutzen. *„Mimetische Prozesse führen dazu, Ähnlichkeiten zu empfinden und Korrespondenzen zur sozialen Umwelt herzustellen. Im Erleben dieser Korrespondenzen erfahren Menschen Sinn"* (Wulf 2001a: 73). Diese Eigenschaft der Ähnlichkeiten herzustellen und auszudrücken ist dem Menschen schon immer gegeben. Kulturelle Instrumente wie der Tanz oder die Sprache sind dafür naheliegende Beispiele.

„Weder im Tanz noch in der Sprache sind Darstellung und Ausdruck, Aufführung und Verhalten verschieden. Sie bilden zwei Aspekte, die in der Mimesis nicht auseinanderfallen, sondern in einem Akt verschränkt" (Wulf 2001a: 73)

operieren. Der Mensch macht in diesen Prozessen der Darstellungs- und Ausdrucksmöglichkeit des eigenen Körpers wichtige „(...) *Erfahrungen, seinen Körper für bestimmte Zwecke einsetzen zu können und damit soziale Anerkennung zu erhalten"* (Wulf 2005: 29).

In der kontinuierlichen Aneignung der Außenwelt mit der Innenwelt werden Wechselbeziehungen spürbar und erfahrbar. Das mimetische Verhältnis bildet sich aus den Ähnlichkeitserfahrungen und Korrespondenzen in denen sich der Mensch ebenso ändert und transformiert. Im Wandel der Außenwahrnehmung und der Selbstwahrnehmung kommt es zur Transformation des Individuums.

„Damit sich mimetische Prozesse entfalten können, bedarf es eines Zwischenraums zwischen Welt und Subjekt, in dem zwischen beiden hin- und herlaufende Verbindungen entstehen, die beide Seiten einbeziehen und verändern" (Wulf 2005: 78).

In diesem Fall kann der Tanzunterricht und deren Tanzpädagog/inn/en und Choreograph/inn/en einen Rahmen der Begegnung schaffen, mit deren Hilfe die Teilnehmer/innen die Möglichkeit zur freien Entfaltung bekommen.

„Mit Hilfe ihrer Bewegungen nehmen [die Schüler/innen] gleichsam Abdrücke von der Welt, die sie dadurch formen und zugleich zu einem Teil ihrer selbst machen. Auch das Subjekt wird dabei von der Umwelt erfasst und geformt" (Wulf 2005: 78).

Die repetitiven Ausführungen der Teilchoreographien ermöglichen eine stetige Auseinandersetzung mit der Bewegung in ihrer eigenen Darstellung und einem Bewusstsein für die Umwelt in einer zirkulierenden Auseinandersetzung. Anhand der Bewegung erzeugt der Mensch eine Welt im wechselseitigen Austausch und nutzt dabei die Plastizität seines Körpers für die Formbarkeit seiner Umwelt.

„In einem gemeinsamen Spiel produziert sie die wechselseitigen Verbindungen und Veränderungen von Welt und Subjekt. In der Bewegung nehmen Menschen an den Welten anderer Menschen teil und werden Teil ihrer Gemeinschaft" (Wulf 2005: 78).

Diese wurde an der gemeinschaftsbildenden Auseinandersetzung der Tänzer/innen deutlich durch eine enge und enger werdende, prozesshafte demokratische Gestaltung der Choreographie als Ganzes. In dem Prozess der mimetischen Aneignung der Choreographie der Schüler/innen kontrollierten und steuerten zwar die Tanzlehrpersonen mit Hilfe von verbalen Verstärkern wie *„Ja, super, genau, prima"* die Bewegung als solches. Aufgrund der Teilhabe der Schüler/innen an verschiedenen Entscheidungsprozessen entstand eine Choreographie durch Mitbestimmung und kreativen Prozessen. Das positive Einwirken der Tanzlehrpersonen steigerte sich zu einer kreativen Nachahmung und motivierte die Schüler/innen. Denn der Wunsch der Darstellung und Verkörperung der inneren Bezugswelt nach außen ist den Schüler/innen naturell gegeben. Dies definiert die Performativität in körperlicher Darstellung und sprachlichem Ausdruck in sozialen Handlungen.

„Weder im Tanz noch in der Sprache sind Darstellung und Ausdruck, Aufführung und Verhalten verschieden. Sie bilden zwei Aspekte, die in der Mimesis nicht auseinanderfallen, sondern in einem Akt [sich miteinander] verschränk[en]" (Wulf 2001a: 261).

Mit Hilfe einer bedeutsamen und guten Fehlerkultur können diese sinnlichen und körperlichen Prozesse in einer Dimension der Zuwendung und Ermutigung Vertrauen geben für eventuelle Vorhandene Schwierigkeiten bei der Verkörperung des Erwünschten und somit Erfahrungen des Misslingens und Scheiterns minimieren.

6.3   Gesten als zentrale Elemente von Performativität

Gesten verkörpern aufgrund ihrer zentralen Bedeutung für die Inszenierung, Aufführung und Praxis menschlicher Kommunikation und Interaktion eine hohe Bedeutung im Alltagsleben, in Erziehung und in den bildenden Künsten der Musik, des Films und des Tanzes, sowie der Performance. Sie tragen wesentlich zur Konstitution des Sozialen und des Ästhetischen bei. Anhand von Gesten

„werden Emotionen und Denkprozesse her- und dargestellt. Gesten werden von denen erfahren, die sie machen, sie inszenieren und aufführen, und die sich als Fühlende und Denkende in der Geste wahrnehmen" (Wulf 2010: 9).

Die Schüler/innen nahmen eine unterstützende Positionierung in Fehlersituationen der Tanzlehrpersonen wahr, womit auf eine hohe Fehlerfreundlichkeit der unterrichtenden Lehrperson rückgeschlossen werden kann. *„Aufgrund der Notwendigkeit ihrer inszenatorischen Herstellung bleibt* *gleichsam die Gefahr des Misslingens und Scheiterns und somit die Fragilität von Wirklichkeit immer bestehen"* (Bausch 2001: 220) Sozialität ist vielmehr ein prekärer, stets auch vom Scheitern bedrohter Prozess.

Einen entscheidenden Anteil in der Fehlersituation trägt die Geste in ihrer fungierenden Form als körpersprachliche und nonverbale Kommunikationsform bei. Die Lehrperson kann mit einem Räuspern, Schnauben oder dem Machen anderer akustischer Laute nonverbal kommunizieren und zwischen sich und den Schüler/inne/n eine Beziehung des Vertrauens aufbauen. Dies wirkt insofern unterstützend, wenn dies auf einer Ebene der Anerkennung und der Empathie stattfindet. Anhand des Videomaterials konnte gezeigt werden, dass beide Tanzlehrpersonen auf einer didaktischen Ebene gekennzeichnet durch Gleichberechtigung und eines respektvollen Umgangs miteinander und mit den Schüler/innen während des Unterrichtsgeschehens kommunizieren. Kontrastierend zeigte die Gestik der Klassenlehrerin eine destruktive Interaktionsart und eine davon abweichende Kommunikationsform, die sich nachhaltig auf die Schüler/innen hemmend auswirken kann.

Anhand der Videoanalyse zeigte sich speziell an drei Beispielen, inwiefern sich die Gestik und Körpersprache der Lehrpersonen Auswirkungen auf den Unterrichtsverlauf und das Lernklima haben. Das *„Startsignal"*, die *„Gestik der Klassenlehrerin"* und das *„Abschlusssignals"* markierten die symbolhaften Rahmenbedingungen der Unterrichtseinheit und strukturierten die darauffolgende Lerneinheit. Dies soll eine Bewusstwerdung und Auseinandersetzung mit der Bedeutung performativer Elemente in der Unterrichtsführung fördern und Hilfestellung für die Umsetzung bieten.

In der Tanzstunde wurde diese freundliche und zugleich bestimmende Gestik in den Bewegungen des Tanzlehrers zu Beginn und am Ende der Lerneinheit deutlich. Indem der Tanzlehrer sich starr in die Mitte der Turnhalle positionierte, dabei die Arme nach oben hob und mit den Worten: *„Passt auf, bleibt wo ihr seid"*. *„Nicht weg, nicht weg, –bleibt –wo –ihr – seid"* seinen Wunsch nach Aufmerksamkeit und Konzentration hervorhob, sorgte er zum einen für eine aufmerksame Lernkultur und erreichte dadurch ein positives Lernklima. In der ruhigen und konzentrierten Art und Weise des Tanzlehrers und den langsamen, zu den Schüler/innen hingewendeten Gestik signalisierte er Konzentration und Fokussierung auf die zu bearbeitende Lerneinheit. Dies konnte in Bezug auf die Fehlerlernorientierung mit dem *„Einfrieren"* und *„Stehenbleiben"* in der Lernsituation deutlich gemacht werden. Eine ausgeprägte Fehlerlernorientierung geht dabei mit einer intensiven Auseinandersetzung und dem Gebrauch guter Strategien im Umgang mit den eigenen Fehlern einher. In der repetitiven Korrektur der

Lerneinheit wird eine Verarbeitungstiefe deutlich, die sich auf das Bewusstwerden des erlebten Falschen und einem Korrigieren dessen konzentrierte. Damit einhergehend konnte eine geringe Fehlerangst aufgrund der weichen und personenbezogenen Gestik der Tanzlehrpersonen in Fehlersituationen festgestellt werden.

Diese Beobachtung wird gefestigt, durch eine komparative Analyse der Gestik zwischen den Tanzlehrpersonen und der anwesenden Klassenlehrerin. In der 1. Sequenz der Videoanalyse greift sie mit ihrer aggressiven und angespannten Gestik unaufgefordert in die Unterrichtssituation ein und versucht in einer autoritären und nicht wertschätzenden Art und Weise auf die Konzentration der Schüler/innen einzuwirken. Aufgrund eines Fehlers oder einer Unaufmerksamkeit eines/r Schüler/in/s, wird bei der Klassenlehrerin eine Gestik der Drohgebärde (starr, gestreckte Arme, kurze Bewegungen und runder Rücken, versteinerte Mimik) hervorgerufen. Als Antwort auf die Unaufmerksamkeit folgt die Geste als Ausdruckscharakter und löst eine abschließende Reaktion C (Scham, Einschüchterung) bei der betreffenden Person aus. Da diese Person keine Möglichkeit für eine Reaktion der Verteidigung oder Entschuldigung aufgrund des Abwendens der Klassenlehrerin möglich ist, bleiben in diesem Fall negative Emotionen von Schuld und Angst bei der/dem Schüler/in vorhanden. Durch diese Interaktionen entsteht eine negative Fehlerkultur kennzeichnend mit einer hohen Fehlerangst und geringen Fehlerfreundlichkeit (vgl. Oser & Spychiger ebd.). Des Weiteren ist diese symbolische Geste eventuell nicht bedeutungsvoll für die Klassenlehrerin, doch hat sie einen großen Einfluss auf die Bedeutungswelt der Schüler/innen.

In diesem Zusammenhang sollen die Erkenntnisse von Wulf (2010) im Kontext der Wirkungsweise von Gesten und den Analysen des Macht– und Gewaltpotentials in pädagogischen Situationen verdeutlichen, dass Gesten *„Anerkennungs–, Ausgrenzungs– und Autorisierungsprozesse, (...), und die soziale Positionierung in pädagogischen Zusammenhängen"* (Wulf 2010: 283) symbolisieren und hervorheben.

Die abschließende Rahmung der Lerneinheit bildet die Geste des Klatschens der Tanzlehrperson. Mit dieser wurde um Ruhe gebeten im Hinblick auf eine weitere Phase der Konzentration und Fokussierung auf die kommende Lerneinheit. Diese kreierte zudem ein Gefühl von innerschulischer Gemeinschaft, da diese Geste einer gemeinsamen Aufführung galt. Als wesentliche Inhalte besitzt die Geste eine Gestaltung von Ort, Zeit und Requisiten, was den äußeren Rahmen schulischer und familiärer Vergemeinschaftsprozesse bestimmt und zudem die Machtbeziehungen aufgrund von Identitäts–, Rollen– und Aufgabenzuschreibungen reguliert (vgl. Wulf 2001b). *„Formal zeichnet sich das Ritual im wesentlichen durch den* *spielerischen, mimetischen und körperlichen Charakter der Interaktionen und Handlungsvollzüge aus"* (Wulf 2001b: 114f.). Aufgrund der Zugehörigkeit kollektiver Kommunikations- und Interaktionsgemeinschaften könnten gemeinsame Intentionen zum Ausdruck gebracht werden und durch gestische Mitteilung eine Kooperation zwischen den Erzeugern und den Empfängern der Gesten kreiert werden.

„Die im Gebrauch der Gesten mimetisch entwickelte Fähigkeit, Aufmerksamkeit und Intention zu teilen und gemeinsam zu handeln, bildet nicht nur die Grundlage der menschlichen Sprache und Kommunikation" (Wulf 2010: 10),

sondern bildet nach Wulf (2010) auch einen wichtigen Bestandteil kultureller Entwicklung. Nach Brandstetter (2010) erscheinen Gesten im modernen Tanz als Figurationen des Bewegung- Zeigens. *„Im Kontext einer Kunstform wie im Tanz sind Gesten schon auf einer Darstellungs– und Zeige– Ebene als Kunst von Gesten und Gestik eingesetzt"* (Brandstetter 2010: 255f.). Dabei werden sie als Geste imaginär wahrgenommen und zugleich erst als Geste encodiert. *„Die Gestalt einer Geste besteht in ihrer zeitlichen, körperlichen Abgrenzbarkeit, in einem Anfang und einem Ende der Bewegung"* (Brandstetter 2010: 256). In dem die Lehreinheit mit einer Geste der Tanzlehrperson eingeleitet (*Stoppsignal*) und beendet wird (*Klatschen*) rahmt dies die Übungseinheit für alle Schüler/innen ersichtlich. Im Fokus der videographischen Untersuchung stand, wie die Tanzlehrpersonen aufgrund dem territorialem (Turnhalle), dem materiellem (dem Tanz) und dem zeitlichem Arrangement (Stopp– und Abschlusssignal) eine organisatorische Strukturierung bilden, indem die Akteure des Sozialraumes der Klasse sinnhafte Handlungen vorfinden und Interaktionen ermöglichen, mit denen sie je nach Orientierung und Haltung umgehen (vgl. Wulf 2001b). Es konnte gezeigt werden, dass *„diese Ritualisierungen und rituellen Sequenzen zur Bekräftigung und Konstituierung innerschulischer Gemeinschaften"* (Wulf 2001b: 196) beitrugen.

Es gibt Forschungsansätze und Vorarbeiten für die Relevanz von Gesten im Bereich der Erziehung und Sozialisation „doch fehlt es bislang an einer umfassenden Erforschung dieses Feldes, die den Kontext und den Rahmenbezug der Wirkungsweise von Gesten (...) untersucht" (Wulf 2010: 283). In der Geste werden nonverbale Kommunikationsformen vermittelt, die einen hohen Anteil an der Fehlerkultur aufgrund ihrer Authentizität haben. *„Der Körper wird zur Bühne eines als unmittelbar postulierten Ausdrucks, Gesten sind Kommunikationsakte einer natürlichen Herzenssprache* (Brandstetter 2010: 257). Damit eine vertrauensvolle Basis für das Machen von Fehlern im Unterricht geschaffen werden kann, obliegt der Lehrperson eine hohe Verantwortung in der Regulierung ihrer Gestik. *„Gesten (...) vermögen den inneren Zustand der Menschen besser zu übermitteln als der* *beredtste Ausdruck der Worte sie zu erkennen geben würde"* (Brandstetter 2010: 257).

Kritisch anzumerken bleibt, dass durch die skripthafte Einsicht einer Lerneinheit und der Standortgebundenheit des Betrachters, eine Auswahl der Unterrichtsszenen subjektiv verzerrt sein kann. In Bezug auf den didaktischen Lehrstil der Tanzlehrperson und dem spontanen Einwirken der Klassenlehrperson aufgrund seiner Wahrnehmung und Schlussfolgerung im Hinblick auf unterschiedliche Fehlerkulturen wird nur ein geringer Teil der Wirklichkeit dargestellt. Die Art und Weise des didaktischen Einwirkens der Klassenlehrperson zeigt kontrastierend eine weitere Art der Interaktion in der vorliegenden Sequenzanalyse in Form negativen Wissens. Doch sollte von einer Heroisierung des Lehrstils der Tanzlehrpersonen abgesehen werden, da sich diese als externe Lehrpersonen in einem anderen Bezugsrahmen und Verhältnis zu den Schüler/innen befinden. Dennoch markieren die Ergebnisse der vorliegenden Sequenzanalyse einen festen Bestandteil meiner Argumentation zum richtigen Umgang mit Fehlern bei der Wissensaneignung und –vermittlung.

6.4 „You can change your life in a dance class"

Die Produktivität sozialer Handlungen eines Individuums, welche aus einer Dynamik und einem Prozess der Anähnlichung bei gleichzeitiger Abgrenzung des Individuums hervorgehen, bieten Raum für Diskontinuität und Veränderung. „Dabei spielen die jeweiligen Bedingungen der Individuen und Gruppen, Organisationen und Institutionen für die unterschiedliche Handhabung der sozialen Muster und Schemata eine wichtige Rolle" (Wulf 2005: 9). Ein didaktischer Rahmen positiver Fehlerkultur, welche die Wahrung der Kontinuität herstellt, bietet den Schülerinnen und Schülern die Möglichkeit für neue Erfahrungen und Grenzüberschreitungen in ihrem Lernprozess.

Die beschriebene Wirkungsweise des Tanzunterrichts bei den Schüler/innen auf Grundlage der Interviews, deckt sich mit den Ergebnissen von Hannover (ebd.) und den Statement Royston Maldoom´s über die Wirkungsweise von Tanz in einem seiner prägnanten Sätze: „You can change your life in a dance class" (Althans 2007: 101). Aufgrund des TanzZeit–Projekts ergaben sich Selbstwahrnehmungsveränderungen der Schüler/innen bezüglich des mentalen und tanzbezogenen Selbstkonzepts und im Hinblick zum sozialen Umgang mit den Klassenkameraden. Anhand demokratischer Teilhabe an Entscheidungsprozessen bei der Zusammensetzung der Choreographie, wurden gruppendynamische Prozesse initiiert und kommuniziert. Dabei entstand ein Teamgedanke, welcher positive Auswirkungen auf den Einzelnen und das Gefühl der Gruppenzugehörigkeit stärkte. Die Schüler/innen entwickelten eine neue Form der Klassenidentität und Klassenstärke, welche sich in einem positiven Lernklima widerspiegelte. Dabei konnten einzelne Schüler/innen sich in einer Rolle der Führungsposition versuchen und Erfahrungen sammeln.

Das Erlernen einer neuen Choreographie nahmen viele Schüler/innen als Herausforderung wahr, die sie überwinden und meistern mussten. Zudem lernten sie, dass sie für das erfolgreiche Abschließen der Choreographie ihre Zweifel überwinden müssen. Mit dem Erlernen neuer Tanzschritte erschlossen sich die Schüler/innen einen Erwerb deklarativer, bereichsspezifischer Wissensstrukturen über dem prozeduralen Können hinaus.

Diese Stärkung des Selbstkonzepts geht rückwirkend mit einer positiven Fehlerkultur im Unterricht einher, die den Schüler/innen positive Erfahrungswerte ermöglicht und sie für weitere Herausforderungen stärkt. In ihren Selbstbeschreibungen des eigenen Zutrauens und dem Ablegen von Schüchternheit und Ängsten kann dies eine verstärkende Form eines tanzbezogenen Selbstkonzepts bewirken, welches die Arbeitsbeziehungen der Schüler/innen nachhaltig fördert. Diese Zuschreibungen projizierten die Schüler/innen entweder internal auf eine Überwindung gegebener Schüchternheit durch das Tanzprojekt, sowie external auf das Tanzlehrpersonal und deren Umgang mit Fehlern. Insgesamt ergab sich eine Stärkung der Selbstwirksamkeit bei den Schüler/innen. Hinsichtlich eines idealtypisch selbstregulierten Lerners, kann dieser Effekt als ein anzustrebendes Hauptkriterium des Bildungsanspruchs der Schule gelten. Dabei müssen nicht nur angemessene kognitive Leistungen zur Realisierung umgesetzt werden, sondern vor allem angemessene emotional– motivationale Lernvoraussetzungen für zukünftige Lernprozesse in einer sich stetig wandelnden Gesellschaft vorgegeben sein (vgl. Hannover 2012).

Zusammenfassung

Betrachtet man die Institution Schule als Gemeinschaft, muss deren starker gemeinschaftsbildender Charakter, aufgrund der Ausführung von Ritualen hervorgehoben werden. Diese bilden sich aufgrund eines starken performativen Charakters und einem Bezug eines symbolischen Gehalts. Der symbolische Gehalt der Interaktions– und Kommunikationsformen wird dabei im Wesentlichen durch ritualisierte Sinn– und Handlungsformen gebildet, wobei das Besondere die positive Gestaltung eines gemeinsamen Erfahrungsrahmens und der Anleitung der performativen Interaktionsprozesse unterliegt.

Dabei geht es Goffman (vgl. Bausch 2001) um soziale Codes wie denen der Verhaltensregeln, Rollenerwartungen und Rollenverpflichtungen die von den Teilnehmer/inne/n der Gesellschaft praktisch vollzogen werden. *„Dieses Interesse an der Herstellung und Erhaltung sozialer Gemeinschaft als praktischer Vollzug ihrer selbst zeigt das Performative sozialer Gemeinschaften"* (Bausch 2001: 219).

Der performative Charakter von Gesten ermöglicht einerseits, dass Gesten als Ausdruck und Darstellung von ihren Adressaten wahrgenommen und vor einem gemeinsam geteilten kulturellen Hintergrund verstanden werden. Dieser Prozess der Hervorbringung und Rezeption von Gesten ist in hohem Maße mimetisch. Die Geste ist ein mimetischer Akt, in dessen Verlauf eine Emotion oder ein Gedanke ausgedrückt und dargestellt wird. Dabei findet eine mimetische Bezugnahme auf etwas statt, was zunächst unsichtbar ist und erst im Verlauf des mimetischen Prozesses sichtbar wird.

Durch den Austausch zwischen Welt und Mensch entsteht ein Machtgefüge welches zugleich als solches anerkannt wird. Somit ist die

„Geschichte der Mimesis eine Geschichte der Auseinandersetzung mit Macht über die Erzeugung symbolischer Welten, um die Macht, sich und andere darzustellen und die Welt nach den eigenen Vorstellungen zu deuten" (Wulf 2005: 23).

Eine positive Fehlerkultur bezogen auf den Unterricht bietet eine Darstellungsfläche für gesellschaftliche Tendenzen, auf der neue Formen und Ideale des Lebens imaginiert, kreiert und adaptiert werden können. Machtverhältnisse sind dabei allgegenwärtig. Doch können diese verringert werden, um mimetische Bewegungen zu erzeugen und zu vervielfältigen. Dabei werden symbolisch erzeugte Welten aus vorgängigen Welten interpretiert und neu dargestellt. Symbolische Welten werden unter anderem durch Gesten reproduziert und multipliziert. Es bedarf in diesen kreativen Anwandlungsprozessen immer einer individuellen Begehren einer anzueignenden Welt. Mimetische Prozesse sorgen für einen Ausgleich der Differenz beider Welten, zwischen dem Begehren, Wunsch und dem Ziel. Die Basis für diese Interaktionsformen bildet die Fähigkeit und Offenheit für sinnliches Erfahren. Gegenstände, Kontexte oder Rezeptionen einer Idee werden dabei in der vorgängigen Welt wahrgenommen und können durch Perspektivenwechsel und Externalisierungen von Emotionen isoliert betrachtet werden. Diese zumeist ästhetischen Prozesse und deren Neuinterpretation durch Mimesis ergeben eine neue Wahrnehmung des Sehens. *„Im mimetischen Handeln ist die Absicht involviert, eine symbolisch erzeugte Welt so zu zeigen, dass sie als eine bestimmte gesehen wird"* (Wulf 2005: 63).

An dieser Stelle soll noch einmal betont werden, dass der Tanz als anthropologisches Phänomen mit all seinen Möglichkeiten und Wirkungen der persönlichen Entfaltung nicht als Medium einer normativen Leistungssteigerung verstanden werden soll. Die natürlichen Bestrebungen des Menschen, durch mimetische und performative Prozesse dürfen nicht dahingehend manipuliert werden, auf der Basis eines Selektionskampfes der Schule unter hervorgehenden Leistungsgedanken und einer möglichen Effizienzsteigerung zum Opfer zu fallen. Vielmehr gilt es, eine positive Fehlerkultur im Tanzunterricht zu schaffen, um Möglichkeiten einer umfassenden ästhetischen, emotionalen und kognitiven Bildung für Kinder und Jugendliche in der Schule allgemeingültig zu gewährleisten.

7. Diskussion

Die Performativität eines Menschen spiegelt Bildungsprozesse in der Herleitung eines Selbstkonzepts wieder, die der Unterricht in seiner fungierenden Form der Subjektbildung und –stärkung als Auftrag besitzt. In mimetischen Lehr– und Lernprozessen ist es dem Subjekt gegeben, sich an einem ihm gegebenen Vorbild kreativ anzunähern. Diese Aneignung von Wissen geschieht mit Hilfe mimetischer Prozesse, in denen der Körper Kraft seiner Imagination eine Beziehung zu sich und der Welt kreiert. Durch immer wiederkehrende, repetitive Annäherungsprozesse des Individuums mit sich und seiner Umwelt, wird eine Innen– und Außenwelt geschaffen, welche sich gegenseitig in einer Art mimetischer Beziehung zueinander bedingen und kreieren. Der Mensch kann in diesen performativen Prozessen implizites Wissen explizit machen und gegebenes Wissen inkorporieren. Es entsteht praktisches Wissen anhand performativer Bildungsprozesse. Die Frage stellt sich einerseits, welche Formen von Wissen die Gesellschaft als imaginäre Institution (vgl. Castoriadis 1990) und speziell die Institution Schule dabei vorgibt und welche der Mensch sich aneignen möchte. Und andererseits wie der Mensch mit dem eigenen Machen von Fehlern umgeht, der potentiell gegebenen Möglichkeit des Scheiterns und dem Faktum eines immer weiter vordringenden Bewusstseins über die Komplexitäten von Lebenswelten. Eine Auseinandersetzung mit einem konstruktiven Umgang mit Nichtwissen ist dabei unausweichlich.

Wir leben in einem Spannungsverhältnis zwischen Umbrüchen, Transformationsprozessen und müssen uns die Frage stellen, welche partikulären Weltentwürfe wir in der Gesellschaft performativ erzeugen und wie wir das Zusammenleben gestalten. Wenn die Welt sich verändert, verlangt dies eine Überprüfung unserer Vorstellungen von Bildung, Erziehung und Sozialisation. Das Subjekt ist im Laufe seiner Sozialisation eben dieser gelingenden Sozialität als *„genuines pädagogisches Ziel"* (Jörissen 2001: 199) und damit einer möglichen Erfahrung des Scheiterns *„an der Dominanz gesellschaftlicher und kultureller Differenzen"* (Jörissen 2001: 199) ausgesetzt.

„Angesichts der zumindest in urbanen Milieus teilweise erheblichen sozialen und kulturellen Spannungen sollte die Frage nach den Bedingungen performativer Sozialität in pädagogischen Kontexten verstärkte Beachtung erfahren" (Jörissen 2001: 200).

Eine Förderung und Inklusion speziell bildungsferner Schichten, stellt einen Appell an die Gesellschaft und zugleich die Frage nach einer konstruktiv– kritischen Auseinandersetzung mit den aktuellen Vorstellungen in Bildungsinstitutionen, Bildungsmedien und deren Bildungszielen. Der Schrei nach der Eliminierung „unnützen" Lernstoffes ist immer ein Schrei nach Vereinfachung und Erleichterung funktioneller Umsetzungen. Es ist ein Schrei nach einer Reduzierung von bestehender Komplexität und gleichzeitiger Angst vor dem Scheitern und Versagen. Die allgemeine Vorstellung des Bildungsauftrags der Schule lautet leider noch immer, dass Lehr– und Lernprozesse effizienter und ertragreicher gestaltet werden sollen. Fehler werden wenn möglich vermieden, denn das könnte Zeit und einen unnötigen Aufwand bedeuten. Dabei stellen Umwege, Auszeiten, Fehler und Krisen die größten Momente des Lernertrags und einer möglichen Verhaltensänderung dar, die es zu fördern und zu unterstützen gilt. Die Förderung mimetischer Prozesse als Strategien der Entwicklung eines heterologischen Denkens, zählt zu den wichtigen Aufgaben einer als interkulturelle Bildung verstandenen, der Vielfalt kultureller Ausdrucksformen gerecht werdenden, Erziehung in Europa.

Der Mensch steht dabei selbst in der Pflicht als Vorbild, den kulturellen Erfahrungsschatz zu überliefern, in einem Fenster welches durch Raum und Zeit gesellschaftlich konstruiert und definiert ist. Zhang (2007) hebt hervor, das Menschen mit ihrem performativen Handeln der eigenen Performativität, eine Geschichtlichkeit im Zuge doppelter Historizität sich einverleiben und darstellen. *„People are the only subjects that can make performance happen within an identifiable time and space. We could even say that people turn performance into history"* (Zhang 2007: 132). Performatives Handeln der Menschen bekommt somit nicht nur eine hohe Bedeutung für kulturelle, sondern vor allem für politische Bildung in der Gesellschaft zugeschrieben.

7.1. Tanz und dessen kulturpolitischer Auftrag

Um Nachhaltigkeit der Lernprozesse durch sinnliche Wahrnehmung des Subjekts in der Interaktion mit seiner Lebenswelt zu garantieren, bedarf es einer Reflexion und Beurteilung des Wahrgenommenen. Damit eines der entscheidendsten menschlichen Potentiale, nämlich *„sich ein Bild von sich und der Welt zu machen"* (Braun & Schorn 2014: 128) in einem erfahrbaren und wirksamen Erlebnis endet, bedarf es einem Abstand von sich und der Welt. Diese Erfahrung der Distanz und Differenz ist nur dann produktiv zu bewältigen, *„wenn seine [des Individuums] Erfahrung zugleich mit dem Erlebnis der Wirksamkeit des eigenen Handelns verbunden ist"* (Braun & Schorn 2014: 129). Daraus ergeben sich kulturpädagogische Handlungsanweisungen für die Akteure im Bildungssystem. Der Tanz bietet aufgrund seiner grenzüberschreitenden Eigenschaften die Möglichkeit verschiedene Kulturen und Identitäten zusammenzubringen und auch neue Kulturen und Identitäten zu schaffen. Im Hinblick *„auf die Intensivierung von Wahrnehmungssituationen als auch auf die Erfahrung von Distanz und*

Differenz" (Braun & Schorn 2014: 129), um anschließend auf einer reflexiven Ebene die gemachten Erfahrungen zu kommunizieren und zu verarbeiten. Dabei *„steht nicht nur das sinnliche Erleben, sondern das Wie des eigenen Wahrnehmens und Handelns im Zentrum der Aufmerksamkeit"* (Braun & Schorn 2014: 129).

Das WIE bedingt in dem Fall die Performativität des Körpers, das soziale Handeln und die Art der Aktion des Handelnden. Dabei steht der Akteur in einem Spannungsfeld zwischen Präzision, Genauigkeit, einem fehlerfreien und bewussten Handeln und seiner Möglichkeiten verschiedener und zu wählender Handlungsspielräume. Diesen Prozessen ist er zugleich einem hohen Konkurrenzdruck verfallen, womit er das Handeln versucht zu beschleunigen. Damit entsteht ein Teufelskreis. Schnelligkeit und Schnelllebigkeit sind zu einem informellen und allgemein unhinterfragten Konkurrenzprinzip geworden.

> „Stets geht es um Effizienz, um wirtschaftlich erfolgreiche Investitionen in die Zukunft. Zögern, Einhalten, Warten, einen Schritt zurückgehen oder gar Zeit verlieren verursachen ein Zuspätkommen, welches das Leben bestraft" (Meyer–Drawe 2012: 125).

Der Tanz bietet aufgrund seiner Beschaffenheit gleich mehrere Antworten auf diese torpedierenden gesellschaftlichen Prozesse und Bewegungen, welche als allgemein anerkannt weiterhin reproduziert werden. *„Der Tanz und die Choreographie gehen nicht in einer binären Logik auf, sind nie das eine oder das andere, sondern ereignen sich im Dazwischen"* (Klein 2009: 613).

Ziel dieser Arbeit war es das latent vorliegende „Dazwischen" im Tanz zu erfassen, zu beschreiben und aufzuzeigen. *„Dieses Dazwischen meint auch eine Bewegung zwischen Denken und Gefühl, Bewegung und Bewegtheit, Theorie und Praxis, Wissenschaft und Kunst"* (Klein 2009: 613). Dies inkludiert gleichzeitig einen Spagat der Welten im Sinne eines Aufzeigens einer Fehlerkultur, beheimatet in der quantitativen Forschung der Wissenschaft und zeigt eine mimetische Erfahrungswelt des Tanzes als (qualitative) Kunstform. Eine reine fehlerfreie Abbildung ist wohlmöglich kaum gegeben und auch nicht erwünscht. Auch hier geht es um das WIE, eben dem Umgang mit Fehlern und der konstruktiven und unterstützenden Auseinandersetzung.

7.2 Anforderungen an den heutigen Lerner

Einen wohl entscheidenden Lerneffekt kommt dem Gedanken von Meyer–Drawe (ebd.) gleich, *„daß wir abzuwarten gelernt haben, was sich jeweils noch zeigt. Verzögerung, Innehalten, Nach–Denken schaffen Raum für etwas*

Neues, das sich dem Gewohnten widersetzt und sich nicht in das Gängige einfügen" (Meyer– Drawe 2012: 202) lässt, noch soll.

Lernprozesse in der Schule werden weiterhin optimiert, der Weg bleibt schwer in der Leistungs– und Wissensgesellschaft in der wir uns befinden. Wissen statt Nichtwissen oder Unwissen bleibt vermutlich weiterhin der Slogan für die optimalen Aneignungsprozesse in unserer Zeit. Woher wissen wir aber welches Wissen uns jetzt aber auch nachhaltig bilden wird. Wir unterliegen temporären Wünschen der Wirtschaft, Politik und aktuellen gesellschaftlichen Bewegungen und Bedürfnissen, die es unmöglich machen, sich für eine dauerhafte und sichere Form der Wissensaneignung in einer Wissens– und Leistungsgesellschaft wie es auch Beck (1998) formuliert dauerhaft zu positionieren. Lernen hängt weiterhin mit Lust und Begehren zusammen. Der Versuch der Imitation und des Idols ist eine der stärksten dem Menschen innewohnenden Eigenschaften. Der Prozess des Lernens ist dabei unmittelbar mit der Erfahrung des Nichtwissens gekoppelt.

„Aus diesem enttäuschten Bewusstsein entsteht das Begehren nach Wissen, der Wunsch zu lernen. Möglich wird die Enttäuschung durch eine grundsätzliche Versagung, nämlich bei den Dingen selbst zu sein" (Meyer–Drawe 2012: 136).

Der Mensch sehnt sich dabei nach Verstehen, um aus der demütigenden Erfahrung des Unwissens zu flüchten. Die Prozesse sind dabei stets mit einem möglichen Scheitern verbunden. *„Die Dichte der Dauer und der Welt ziehen unserem Verstehen hier unüberwindliche Grenzen, die sich in jede Weise unseres Zur–Welt–Seins einzeichnen"* (Meyer–Drawe 2012: 140). Dieser Entzug und der Überwindung dessen birgt die Sehnsucht nach der Verschmelzung mit dem Unmittelbaren in sich als mögliche Antwort. Die Verschmelzung aufgrund von Neugier, einem Wissensdurst und dem Wunsch, die Welt zu verstehen, weil sie uns nicht als selbstverständlich gegeben erscheint. Das bedarf dem Erkennen von Unwissen, etwas Unfertigem, einer Veränderung des Seins, was mit einer Veränderung der Umwelt automatisch einhergeht, da wir die Produkte der Menschen sind, die uns am Herzen liegen und wir ein Bündel aus den bestehenden Erfahrungen und Interaktionen als Kennzeichnung unserer Prägung performativ abbilden.

„Aus wissenschaftlicher Sicht ist die Optimierung von Erziehungs– und Unterrichtsprozessen seit den Anfängen der Pädagogik (...) immer ein zentrales Thema gewesen" (Thies 2000: 37). Die Fragen der Wissensvermittlung konzentrieren sich dabei auf die Verhaltensweisen von Lehrer/inne/n und Schüler/inne/n im Lehr– und Lernprozess. Im Laufe dessen entstanden mehrere Modelle der Lehrer– Schüler– Interaktion, welche den Verlauf bei der Wissensvermittlung meist einseitig betrachten. *„Für den Interaktionsverlauf wurde dann entweder der Lehrer oder der Schüler als hauptverantwortlich angesehen"* (Thies 2000: 37). Wie wir gesehen haben ist

dieser Ansatz kaum mehr vertretbar. Es ist vielmehr eine interaktive Beziehung zwischen den Akteuren, welche auf einer offenen Kommunikationsform beruht und speziell einer gesunden und positiven Fehlerkultur. Nach wie vor befindet sich die Schule in einem Spannungsfeld aufgrund ihrer Doppelrolle als Sozialisations– und Erziehungsinstitution, deren Auftrag es ist, aus deren Individuen in ihrer Qualifizierungs– und Persönlichkeitsförderung zu unterstützen. Andererseits ist sie als Allokations– und Selektionsinstitution steigendem gesellschaftlichen Optimierungsgedanken und einem allgemeinen Wunsch nach Effizienzsteigerung unterworfen, der ihr durch politisch und wirtschaftlich aufliegende Wettbewerbs– und Leistungsgedanken aufgezwungen wird. Die Schule steht daher vor der Herausforderung, einen Spagat dieser grundsätzlich verschiedenen Zielorientierungen auszupendeln.

„Diese sicherlich überpointierte Polarität spiegelt einen grundsätzlichen Zielkonflikt zwischen den Zielen Leistungsmaximierung und sozial– emotionaler Kompetenzentwicklung wider, der in den verschiedenen Funktionsbeschreibungen der Institution Schule zu entdecken ist" (Schweer 2000: 14).

8.   Ausblick

Ein wichtiges Ziel dieser Arbeit war es, eine reaktionäre pädagogisch–philosophische Antwort auf die psychologischen Konzeptionen des Lernens unseres 21. Jahrhunderts aufzuzeigen, und bereits angedachte Theorien des Lehrens und Lernens wieder aufzunehmen, unter neuen Perspektiven.

Neue Formen des Lernens in Klassenräumen, wie ästhetisch– künstlerische und kreative Projekte, bspw. der Tanzvermittlung können eine Antwort auf das Bedürfnis und Verständnis performativer Befähigung im Hinblick auf kulturelle Bildung in einem Zeitalter der Globalisierung bilden. Um eine flächendeckende Versorgung auch für bildungsferne und ländliche Gebiete sicherzustellen, bedarf es mehr Initiativen mit neuen Anreizen für die Umsetzung und Gestaltung solcher Tanzprojekte. Hinsichtlich der Einbindung von gesellschaftlichen Minderheiten jeder Art, seien es Menschen mit Migrationshintergrund, Menschen mit körperlichen oder geistigen Behinderungen oder Kinder und Jugendliche aus bildungsfernen Schichten, bieten und versprechen verpflichtende Tanzkurse in Regelschulen eine Förderung der potentiellen Entwicklungsmöglichkeiten bei allen Menschen.

Des Weiteren bevorzugen Schüler/innen in ihrer Kindheit und frühem Jugendalter soziale Beziehungen zu Angehörigen des eigenen Geschlechts. Dabei wissen Jungen wie Mädchen oftmals nicht, wie sie sich gegenüber dem anderen Geschlecht verhalten sollen. Der Tanz kann einen natürlichen und pädagogischen Rahmen für die Begegnung mit dem anderen und eigenen Geschlecht schaffen und somit positive Auswirkungen auf die eigene geschlechtliche Sozialisation spielerisch fördern. Dabei empfiehlt es sich auch und vor allem männliche Tanzprojektleiter und Choreographen einzusetzen, um den Mangel an männlichen Identifikationsfiguren und Bezugspersonen speziell im Tanz und in der Grundschule allgemein auszugleichen. Dabei empfiehlt es sich, vor allem mit Tänzern und Tanzpädagogen zu arbeiten, die schon vorab Erfahrungen in Tanz–in–Schulen–Projekten sammeln konnten.

Um die Zufriedenheit aller Beteiligten zu stärken, empfiehlt es sich, den organisatorischen Rahmen des Tanz–in–Schulen–Projekts zu stärken und das Tanzprojekt in den Schulalltag systematisch und gezielt einzubinden. Dabei haben sich Modelle der Durchführung von konzentrierten Projekttagen, welche in den Unterricht eingebunden waren oder als Wahlpflichtfach in der Schule angeboten wurden, besonders bewährt.

Tänzer und Tanzpädagogen sollten dabei gezielt durch Fortbildungen auf die besondere Situation einzelner Schulformen, wie Sonder– und Förderschulen, vorbereitet werden (vgl. Keuchel 2009/ Hannover 2012).

III.   Literaturaturverzeichnis

Althans, B. (2007): Missing Links: Energia, Dynamis, and Entelechia in Current Education Theory. In: Suzuki, S. & Wulf, C. [eds.]: *Mimesis, Poiesis, and Performativity in Education.* Waxmann: New York. *P. 95– 105.*

Bausch, C. (2001): Die Inszenierung des Sozialen. Erving Goffman und das Performative. In: Wulf, C. , Göhlich, M. & Zirfas, J. [Hrsg.]: *Grundlagen des Performativen. Eine Einführung in die Zusammenhänge von Sprache, Macht und Handeln.* Juventa: München. *S. 203– 226.*

Beck, U. (1998): *Perspektiven der Weltgesellschaft.* Suhrkamp: Frankfurt am Main.

Boklage, J. (2009): Ästhetische Bildung durch Künstlerprojekte- Entwicklung und Anwendung von Beobachtungsschwerpunkten zur Ausdifferenzierung möglicher Wirkungsbereiche. In: Arbeitsgruppe Evaluation und Forschung des Bundesverband Tanz in Schulen e. V. [Hg.]: *Empirische Annäherung an Tanz in Schulen. Befunde aus Evaluation und Forschung.* (1.Aufl.). Oberhausen: Athena. *S. 101– 113.*

Bohnsack, R. (2010): *Rekonstruktive Sozialforschung. Einführung in die qualitativen Methoden.* (8. Aufl.). Budrich: Opladen.

Brandstetter, G. (2010): Gesten und Gags im Tanz. In: Wulf, C. & Fischer-Lichte, E. [Hrsg.]: *Gesten. Inszenierung. Aufführung. Praxis.* Fink: München. S. 254– 265.

Braun, T. & Schorn, B. (2012): Ästhetisch-kulturelles Lernen und kulturpädagogische Bildungspraxis. In: Bockhorst, Reinwand & Zacharias [Hrsg.]: *Handbuch Kulturelle Bildung.* 1.Aufl. .kopaed: München. *S. 128– 134.*

Castoriadis, C. (1990): *Gesellschaft als imaginäre Institution.* (1. Aufl.) Suhrkamp: Frankfurt.

Fleischle-Braun, C. (2012): Tanz und kulturelle Bildung. In: Bockhorst, Reinwand & Zacharias [Hrsg.]: *Handbuch Kulturelle Bildung.* (1.Aufl.). kopaed: München. *S. 566– 574.*

Flick, U. (2011): *Qualitative Sozialforschung – eine Einführung.* Rowohlt Verlag: Reinbek.

Hannover, B. (2012): *Der Einfluss musisch- kreativer Projekte auf die schulische Entwicklung von Kindern und Jugendlichen.* Zwischenbericht. Freie Universität Berlin.

Jörissen, B. (2001): Aufführungen der Sozialität. Aspekte des Performativen in der Sozialphilosophie George Herbert Meads. In: Wulf, Göhlich & Zirfas [Hrsg.]: *Grundlagen des Performativen. Eine Einführung in die Zusammenhänge von Sprache, Macht und Handeln.* Juventa: Weinheim. *S. 181– 201.*

Keuchel, S., Günsche, C., Groß, S. (2009). *Tanz in Schulen in NRW. Ein empirischer Blick in die Praxis.* Bonn: Bundesverband Tanz in Schulen e.V.

Klein, Gabriele (2012): Choreographien des Alltags. Bewegung und Tanz im Kontext kultureller Bildung. In: Bockhorst, Reinwand & Zacharias [Hrsg.]: *Handbuch Kulturelle Bildung.* 1.Aufl. kopaed: München. *S. 608– 614.*

Lohwasser, D. & Zirfas, J. [Hrsg.] (2014): *Der Körper des Künstlers. Ereignisse und Prozesse der Ästhetischen Bildung.* Handbuch kulturelle Bildung. *43.* München.

Mattenklott, G. (2012): Ästhetisch-Aisthetisches Lernen. In: Bockhorst, Reinwand & Zacharias [Hrsg.]: *Handbuch Kulturelle Bildung.* (1.Aufl.) . kopaed: München. *S. 115– 120.*

Mayring, P. (2010): *Qualitative Inhaltsanalyse: Grundlagen und Techniken* (11. Aufl.).   Beltz: Weinheim.

Meyer- Drawe, K. (2012): *Diskurse des Lernens.* (2. Aufl.) Wilhelm Fink: München.

Nohl, A.-M. (2013): Komparative Analyse: Forschungspraxis und Methodologie dokumentarischer Interpretation. In: Bohnsack, R. et al. [Hrsg.]: *Die dokumentarische Methode und ihre Forschungspraxis.* (2. erw. und akt. Aufl.). S. 255– 276.

Oser, F. & Spychiger, M. (2005). *Lernen ist schmerzhaft. Zur Theorie des Negativen Wissens und zur Praxis der Fehlerkultur.* Weinheim: Beltz.

Reichertz, J. & Englert C. (2011): *Einführung in die qualitative Videoanalyse.* (1. Aufl.) Springer: Wiesbaden.

Schweer, M. K. W. [Hrsg.] (2000): *Lehrer– Schüler– Interaktion. Pädagogisch psychologische Aspekte des Lehrens und Lernens in der Schule.* Leske Budrich: Opladen.

Suzuki, S. & Wulf, C. [eds.] (2007): *Mimesis, Poiesis, and Performativity in Education.* Waxmann: New York.

Takahashi, Y. (1988): Butoh und das neue japanische Theater. In: Haerdter, M. [Hrsg.]: *Butoh. Die Rebellion des Körpers. Ein Tanz aus Japan.* Alexander Verlag: Berlin. *S.127– 128.*

Thies, B. (2000): Interaktion im Unterricht: Modelle und Methoden der Erfassung. In: Schweer, M. [Hrsg.]: *Lehrer-Schüler-Interaktion. Pädagogisch– psychologische Aspekte des Lehrens und Lernens in der Schule.* Leske Budrich: Opladen. *S. 37– 58.*

Volkers, A. (2008): *Wissen und Bildung bei Foucault. Aufklärung zwischen Wissenschaft und ethisch–ästhetischen Bildungsprozessen.* VS Verlag: Wiesbaden.

Wulf, C. , Göhlich, M. & Zirfas, J. [Hrsg.] (2001a): *Grundlagen des Performativen. Eine Einführung in die Zusammenhänge von Sprache, Macht und Handeln.* Juventa: München.

Wulf, C. et. al. (2001b): *Das Soziale als Ritual. Zur performativen Bildung von Gemeinschaften.* Budrich: Opladen.

Wulf, C. [Hrsg.] (2005): *Zur Genese des Sozialen. Mimesis Performativität Ritual.* Transcript: Bielefeld.

Wulf, C. (2007a.): Vielfalt kultureller Ausdrucksformen. Bildung, Hybridität und mimetisches Lernen. In Audehm, K. & Velten, H. [Hrsg.]: *Transgression Hybridisierung Differenzierung. Zur Performativität von Grenzen in Sprache, Kultur und Gesellschaft.* Rombach: Berlin. *S.291– 304.*

Wulf, C. (2007b.): Anthropologische Dimensionen des Tanzes. In: Brandstetter, G. & Wulf, C. [Hrsg.] *Tanz als Anthropologie.* Fink: München. *S.121– 131.*

Wulf, C. (2010): Der mimetische und performative Charakter von Gesten. Perspektiven für eine kultur- und sozialwissenschaftliche Gestenforschung. In: Wulf, C. & Fischer-Lichte, E. [Hrsg.]: *Gesten. Inszenierung Aufführung Praxis.* Fink: München. *S.283– 297.*

Zirfas & Wulf, C. (2001): *Die performative Bildung von Gemeinschaften. Zur Hervorbringung des Sozialen in Ritualen und Ritualisierungen.* In Paragrana (Hrsg.): Theorien des Performativen. 10 (1). *S.93– 116.*

Zirfas, J. (2012): Die Künste und die Sinne. In: Bockhorst, Reinwand & Zacharias [Hrsg.]: *Handbuch Kulturelle Bildung.* (1.Aufl.). kopaed: München. *S. 158– 164.*

Zeitschriften

Paragrana, Internationale Zeitschrift für Historische Anthropologie, 13 (2004) I, Thema: Praktiken des Performativen.

Paragrana, Internationale Zeitschrift für Historische Anthropologie, (2006) Beiheft 2, Thema: Imagination und Invention.